万物运转的秘密

如果**猩猩**会说话

[俄]娜佳·阿芙多希娜 著
王世宝 译

时代出版传媒股份有限公司
安徽科学技术出版社

[皖]版贸登记号:12212006

图书在版编目(CIP)数据

如果猩猩会说话 /(俄罗斯)娜佳·阿芙多希娜著；王世宝译. --合肥：安徽科学技术出版社,2023.5
(万物运转的秘密)
ISBN 978-7-5337-6391-6

Ⅰ.①如… Ⅱ.①娜…②王… Ⅲ.①人类语言学-儿童读物 Ⅳ.①H0-49

中国版本图书馆 CIP 数据核字(2022)第 215940 号

Звездная пыль. Языки и знаки
© Издательство Кит,ООО《Альта Медиа》,2021
First published in Russian by Whale Publishing
Simplified Chinese rights arranged through CA-LINK International LLC
(www.ca-link.cn)

RUGUO XINGXING HUI SHUOHUA
如果猩猩会说话

[俄]娜佳·阿芙多希娜 著
王世宝 译

| 出版人：丁凌云 | 选题策划：高清艳 周璟瑜 | 责任编辑：周璟瑜 |
| 责任校对：张枫 | 责任印制：廖小青 | 装帧设计：武 迪 |

出版发行：安徽科学技术出版社　　http://www.ahstp.net
(合肥市政务文化新区翡翠路 1118 号出版传媒广场,邮编：230071)
电话：(0551)63533330

印　制：合肥华云印务有限责任公司　　电话：(0551)63418899
(如发现印装质量问题,影响阅读,请与印刷厂商联系调换)

开本：787×1092　1/16　　印张：6.5　　字数：150 千
版次：2023 年 5 月第 1 版　　2023 年 5 月第 1 次印刷

ISBN 978-7-5337-6391-6　　　　　　　　　　定价：35.00 元

版权所有,侵权必究

编者的话

一切都在互相交流：人、动物、植物。即使是我们身体内部微小的细胞也在不断地彼此交换信息。我们与亲人、朋友、陌生人、宠物、玩具、机器交谈，甚至会自言自语，有时还会用外语。我们看书、看电影、参观博物馆、欣赏艺术品，这些作品的作者也在和我们"交谈"。

这些交流信息无处不在，它们穿越时间，就像庞贝古城城墙上的古代铭文一样；它们穿越空间，就像我们手机里的短信一样。

为了"阅读"和传递这些信息，我们使用了各种各样的语言，除了我们所说的和我们所写的语言，我们还学会了理解象形文字和符号、手势和姿势、气味和颜色的含义。

在本书中，我们邀请了语言学家、生物学家、动物心理学家和手语翻译来探讨语言。和往常一样，还有很多儿童作家、诗人和我们在一起，他们也会给你们带来一些惊喜哦！

目 录

人类的语言

 嗨，你好！ …………………… 02
 我的语言 …………………… 04
 从电报到因特网 …………… 06
 他们的工作 ………………… 10
 不同寻常的语言 …………… 14
 船 …………………………… 16
 从图画到符号 ……………… 22
 字母的历史 ………………… 24
 两首小诗 …………………… 27
 画中找词游戏 ……………… 28
 来自非洲的伊万·伊万内奇 ……… 30

动物和植物的语言

 会说话的猩猩 ……………… 36
 动物是如何交流的？ ……… 42
 和宠物说话 ………………… 46
 有点像猫 …………………… 50
 拍苍蝇 ……………………… 51
 植物是如何交流的？ ……… 52
 诗歌 ………………………… 56

特别的语言

- 细胞漫谈…………………………… 60
- 灯塔………………………………… 64
- 无言………………………………… 70
- 如何在家里制作一把剑?…………… 74
- 到此一游…………………………… 78
- 专注力挑战………………………… 82
- 新语言……………………………… 84
- 六个圆点…………………………… 87
- 神秘的漂流瓶……………………… 92
- 寻找中……………………………… 94
- 更多精彩…………………………… 98

人类的语言

我的语言

还是小婴儿时,我们都不会说话,然后我们开始学习说话:有些人说话早,有些人说话晚。你可能感觉说话是很自然的事,就像我们迈出人生的第一步一样,但实际上,一切并不是那么简单……

通过教科书、词典或手机上的学习软件能学会说话吗?当然不行。我们必须通过与他人交流来学习语言。仅仅听别人说话是不够的,为了让孩子开始说话,必须直接和他对话。

但这还不是全部!事实证明,人类是有语言学习期的,如果过了这个特定时期,几乎就不可能学会说话了。如果孩子在六岁之前没有开始学习说话,那么他很可能永远学不会说话了。你知道"狼孩"莫格利的故事吗?他和动物们一起在热带雨林里生活了几年,然后来到了他养父母的村庄。从那天晚上开始,他不断重复养父母的话,过了几个月,他已经可以很好地交

谈了。但这只有在童话里才有可能发生!事实上,莫格利再也学不会说话了。

我们的语言机制是非常复杂的,胎儿在妈妈肚子里就开始运用它了。尚未出生的胎儿就能用听觉区分出母语和外语。几个月大的婴儿有不同的哭声,这竟然取决于他们的母语。

看看下面的图吧:遛狗的女人以为两岁的索尼娅回答了她的问题。事实上,索尼娅并没有。索尼娅说的是她裙子上有一艘小船,但她说的话还不够清楚,所以其他人听不明白。随着时间的推移,索尼娅的发音将会更标准。

妈妈和奶奶不理解这对双胞胎说的话,因为他们说的是自己的语言。这种情况经常发生在双胞胎身上。所有的孩子在学习说话的时候都会犯错误,双胞胎中有一个说错了话,但另一个总是能听明白,因为双胞胎总是形影不离,习惯了彼此的错误,并能做出积极的反应。结果就是两个人之间产生了只有他们两个能够明白的语言。不过,随着年龄的增长,他们的语言会更加清楚。

这个叫达莎的小女孩天生什么也听不到,并且不会说话,但这并不意味着她不想交流。当达莎还很小的时候,她的父母就开始用手语和她"说话"。她已经掌握了很多手语,而且还在不断学习。达莎用手语与学校里的朋友和老师交流。她的哥哥什么都能听见,但为了和妹妹交流,他也学会了手语。

西里尔的妈妈只跟他说俄语,而爸爸只跟他说中文。在西里尔还不会说话的时候,他什么都能听懂。现在他的俄语和汉语说得都很好,而且从不混淆。他精通两种语言,两种语言对他来说都是母语。

从电报到因特网

在很久以前，为了将信息传递到远方，人们会使用篝火作为信号。随着时间的推移，瞭望塔上的篝火被移动式机械装置所取代。而随着电进入我们的生活，通信设备变得更加复杂，同时也使通信变得更加快速和方便。

巴黎　第一条光学电报　里尔　1792年　SALUT

电报

第一条光学电报线路是由法国的沙普兄弟铺设的。每隔 10～15 千米就建一座塔，塔顶上安装由三根活动横梁组成的信号装置——信号旗。横梁处在不同位置表示不同的符号（总共有 196 种可能的组合）。塔上的操作员用绳索改变横梁的位置，就这样，一个符号一个符号地"口述"信息。邻近的塔上人员解读出发来的信息并利用信号旗继续传递。

随着电磁电报的出现，沙普兄弟铺设的线路就失去了往日的作用，但光学电报仍然存在。在舰队中，信号兵利用旗帜传递信息。信号旗作为一种船只之间的沟通系统，至今许多军舰和商船仍在使用。

电报机

许多国家的科学家对电信号进行了实验,并发明了不同的通信设备。但最著名的是塞缪尔·摩尔斯的发明——电报机和摩尔斯电码。

电报机由一个发射器和一个接收器组成,它们通过电线相连。当发报员按下电报键后,电路闭合,电流开始沿着导线移动。另一方的电报接收器捕捉到这些断断续续的电流信号并记录下来:短信号是点,长信号是破折号,而停顿则表示字母和单词之间的间隔。剩下的工作就是解读信号了!

电话

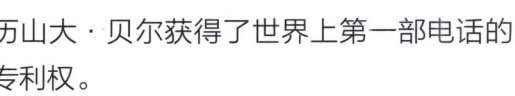

安东尼奥·梅乌奇于1860年首次描述了一种可以通过电线传输声音的设备。16年后,亚历山大·贝尔获得了世界上第一部电话的专利权。

从本质上讲,电话也是电报,只是麦克风代替了发射器,扬声器代替了接收器。麦克风将声音转换为电磁信号,而扬声器则相反,将电磁信号转换为声音。

今天,我们只需要在电话上拨打一个号码,交换机就会将我们与用户连接起来。而以前这样的工作是由人工完成的!电话接线员手动切换交换机上的电话线,将两个用户连接起来。当时在招聘接线员时,还要考量他们的身高和臂长,因为要保证他们能够到交换机的任何单元。

从前,要发送电报的话,人们必须去电报局,将信息口述给发报员。如果是加急电报,当天就能送到。

第一个街头电话亭出现于1880年。当时电话亭里面还没有投币机,所以工作人员会在一旁收钱。

1895 无线电

究竟是谁发明了无线电通信呢？全世界没有统一的说法。1895年，俄罗斯科学家亚历山大·波波夫完善了英国人奥利弗·洛奇的系统。1897年，意大利人伽利尔摩·马可尼在改进接收器方面又迈出了一步，并获得了世界上第一个无线电专利。

无线电和电报一样，有发射器和接收器，只是无线电不是通过电线，而是通过空间中的电磁波来传输信息。这些电磁波是承担着传输信息功能的一种独特的"运输工具"。而信息本身是"扭曲"的，被寄载到电磁波内。接收器捕捉电磁波，从中分离出"扭曲"的信息，并将其转换为音频或视频信号。

1969 因特网

1969年首批电脑组网。这些电脑是美国四所大学的电脑，通过电话线互相"连接"。万维网和我们熟悉的网站直到1990年底才出现，这要归功于科学家蒂姆·伯纳斯·李。

因特网就像铁路网，有大量的枢纽站，而信息就像一个个包裹。从A点到B点的包裹可以通过不同的方式送达——这取决于哪些节点的负载较少。而为了让包裹准确送达收件人手中，它会被分成几部分(包)。每个包都有编号，上面写着地址。接下来，这些部分会通过不同的途径到达终点，并在接收地点按顺序排列。如果某个包丢失了，只需要再寄一次这个包，而不是重新寄出整个包裹。

第一批无线电通信设备是使用摩尔斯电码传输信息的。1909年，第一个SOS无线电信号是由一艘偏航的"阿拉普豪伊号"内燃机船发出的。三年后，著名的"泰坦尼克号"也发出了遇难信号。

因特网离不开缆线。2011年，一位格鲁吉亚的老太太砍断了一条光缆，不仅导致格鲁吉亚的网络用户无法上网，甚至使邻近的亚美尼亚断网12个小时。

移动电话

1950 年，世界上第一部移动电话出现了，它连接到公共电话网络。没错，它重约 20 千克，占据了汽车的整个后备厢，用蓄电池充电。真正的便携式无线电话是摩托罗拉在 1973 年推出的。

任何无线通信——从无线电到移动通信和 Wi-Fi，都遵循一个原则：发射器发射电磁波，接收天线接收它们。

过去，移动电话曾被称为蜂窝电话，这与电话网络的构建原理相关：通信运营商服务的区域被划分为许多小的区域，就像一个个蜂窝单元，每个单元都有一个基站。

物联网

现在，不仅人们可以通过网络进行交互，连家中的家用电器都可以通过网络进行交互。它们不仅可以与人"交流"，还可以彼此之间"交流"，甚至与外部环境"交流"。例如，闹钟会告诉咖啡壶是时候煮咖啡了，而智能灯会根据窗外的天气和你的感觉来调节亮度，使你感到更加舒适。

他们的工作

动物学家是做什么的呢？新的手势语言是如何出现的？哪些是濒临消失的语言，为什么要研究它们？动物学家、手语翻译和语言学家就我们所关心的关于他们的职业、语言和交流的问题进行了解答。

动物心理学家 萨沙·拉乌什

你的工作内容是什么？

我和动物的主人们交流，他们会给我介绍他们的宠物，说明一下存在的问题：例如，猫不友善，喜欢打架或狗咬人。接下来，我们便开始讨论如何改善宠物的生活、协调主人与它们的关系、纠正它们的行为。

你为什么喜欢你的工作？

我乐于见到人类和动物能够更轻松地在一起生活，而不是家里每天都像打仗一样——宠物什么都咬，在沙发上撒尿，甚至咬人。如果弄清楚问题所在，那么主人和动物就可以成为最好的朋友。我喜欢观察这种转变。

猫和狗都不会说话，你是如何了解它们的呢？

动物和人类一样，有丰富的面部表情：它们可能会愁眉苦脸，也可能会喜笑颜开。另外，它们也有自己的语言，包含大约三十种不同的身体信号，在相互交流时，它们会使用这些信号。

哪些动物更难理解和沟通？

主人有时很难理解来自收容所的成年动物，因为它们没有与人交流的经验。至于那些没有社会化或很早就从妈妈身边被带走的动物，人们觉得和它们相处起来很困难，那是因为它们还没有学会沟通的技能。

动物有自己的感受吗？

当然有！猫和狗相当于人类两岁宝宝的智力发育水平：它们既会高兴，也会伤心，还会生气，甚至可能会抑郁！那它们不会什么呢？它们不会抱怨、指责和报复。这种能力与大脑的发育有关，四岁前的宝宝也具备这种特点。

讲一讲工作中你觉得最有趣的一件事。

有一天，一对年轻夫妇来找我，他们的小猫尿床了。其实他们的猫没有生病，只是他们忘了撒猫砂。哈哈！

如果我们和自己的宠物没有建立良好的关系，该怎么办？

首先要考虑的是，你作为主人做得是否正确。出现不良的行为总是有重要原因的。猫是不是绕着砂盘走？也许它站在猫砂上很痛苦？惩罚它没有任何意义，必须弄清楚是怎么回事。如果自己弄不清楚，别忘了问一问我们——动物心理学家。

手语翻译
奥尔加·瓦里诺娃

你主要的工作内容是什么？

我每天的工作就是翻译：进行口语和手语间的翻译。聋哑人需要交流时，我就可以帮助他们。

你的工作地点是什么样子的？

我的工作地点各式各样——医院、公安局、银行、节假日活动现场等。这些地方都可能有我的身影。我是一所大学的手语翻译，有很多聋哑学生和听力弱的学生在那里学习。通常我的工作地点在老师办公室隔壁。

你为什么选择这个职业呢？

我的父母都是聋哑人，所以我从小就会手语。但总的来说，手语翻译这个职业本身就很有趣——你一直在和不同的人交流，会学到很多新的东西。

你是如何学习手语的？很难吗？

我没有专门学手语，只是从出生起，我聋哑的父母就用手语和我交流，尽管我能听到。而现在我自己教别人用手语说话。是的，学习手语并不容易，就像任何一门外语一样。

来自不同国家的人都能用国际手语互相沟通吗？

在俄罗斯，人们使用俄罗斯手语，在英国则使用英国手语，而在法国则使用法国手语……世界上大约有三百种手语，每种手语都有自己的语法和规则。来自不同国家的聋哑人互相间很难明白对方，只能进行一点点沟通。

新单词的手势是如何出现的？

很简单，要么是语言使用者自己发明新手势，要么是从其他语言中借用。

如何快速地翻译而又不忘记讲的是什么？

这需要大量的学习和练习。同声传译意味着我们需要紧跟着说话人的话进行翻译，只能落后他两三个单词或手势。因此，我们不会记住信息，只是单纯地对听到或看到的进行分析，并快速地将它们转换成所需的语言。

手是否会像舌头一样感到疲倦，就像我们说很多话时那样？

手不累，但背部会有点累。其实，更累的是大脑，毕竟大脑一直在工作，它要分析一种语言，以便能正确地翻译成另一种语言。不过，这些都不重要，最重要的是能够让人们互相交流，能够互相明白对方。翻译的主要职责就是确保人们互相理解。

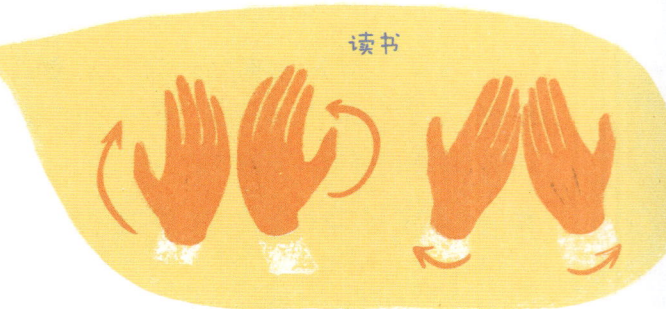

读书

语言学家
娜塔莉亚·阿拉洛娃

你在工作中做什么？

我现在在研究正在消失的涅吉达尔语*。世界上只剩下极少数人能说这种语言，因此我们需要尽快收集尽可能多的关于这种语言的信息。

你是怎样做的呢？

我们去涅吉达尔人居住的村庄和城镇考察，并与他们交谈。我们请专业的翻译将不同的句子翻译成涅吉达尔语，并用录音机录下来。然后，我们会研究每个单词是如何发音的。

你的工作地点在哪里？

我通常在书桌前用电脑工作。考察时，环境会比较复杂。有一次，我在甚力察加的高山冻土带工作，就住在帐篷里。在那里工作时不仅要用到笔记本电脑和耳机，还需要会生火、做饭。到了晚上，最重要的是不要忘记将木柴带回木屋中。到了早晨，木柴上的冻土就融化了。

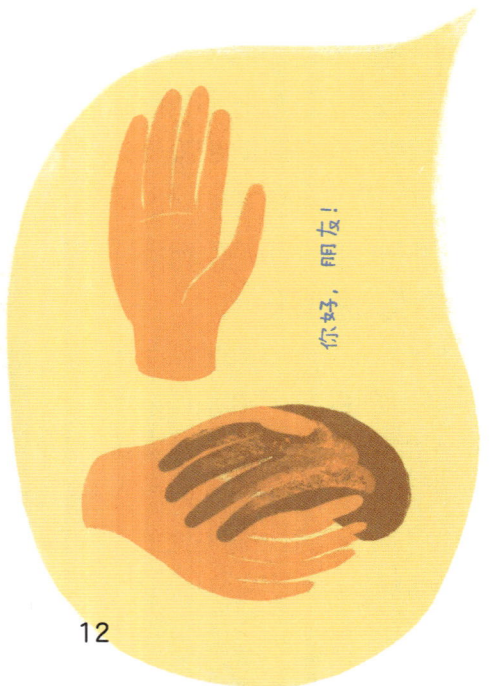

你好，朋友！

* 这种语言为通古斯－满洲语系。

讲一讲工作中最有趣的一件事吧。

在一次考察中，我们开着卡车在道路上行驶。当时正值冬季，河水冻成了冰面。我们的汽车发生侧滑，原地转圈，被当地人戏称为"花样滑冰"。

你为什么选择这个职业？

我从小就非常好奇，为什么人们会说不同的语言。当你自己学习别人的语言时，就好像你开始用另一个国家和另一种文化的眼睛看世界。在大学里，我意识到了濒危语言的问题，并决定我要从事与俄罗斯少数民族语言相关的工作。

"正在消失的语言"是什么意思？

当一种语言不再有人以其为母语，也没有人能流利地使用它时，就意味着这种语言正在消失。

为什么会发生这种情况？

例如，人们从小村庄搬到大城市，开始说城市里通用的语言。以前，在苏联时期，养鹿牧民的孩子或有些小村庄里的孩子需要上学，不得不去更大的村庄，住在寄宿学校，没有父母陪伴。他们在那里无法说母语，回家后则继续用俄语交流。他们渐渐地完全停止使用母语。所以现在几乎所有的涅吉达尔人都会说俄语。

如果语言终要消失，为什么还要学习？谁需要呢？

在语言消亡之前，重要的是及时对其进行研究并形成文件，就像拍摄一张完整的照片一样。要知道，随着语言的消失，文化也消失了。我们记录下涅吉达尔人的神话、童话和民间故事。涅吉达尔人自己也需要这些，以保存对祖先和自己历史的记忆。除此之外，语言学家也需要这个，能更好地理解不同语言的结构。

人们是否可以根据你的笔记学习语言，比如，未来的涅吉达尔人？

恐怕不能。仅凭笔记是学不会已经消失的语言的。要学习一门语言，必须使用它与人交谈。

不同寻常的语言

世界上有7000多种语言！一方面，它们彼此相似：句子由单词组成，单词由字母或单字组成。但另一方面，所有语言都是独一无二的！无论是几乎没有人听说过的稀有语言，还是最常见的语言都有各自的特点。

托巴蒂语

在印度尼西亚，讲托巴蒂语的人不超过100人，这种语言有独特的单词顺序。比如，在中文中，我们会说："和平将取代战争。"在日语中，单词的顺序会有所不同："和平战争将取代。"在阿拉伯语中，人们更常说："将取代和平战争。"而在托巴蒂语中是："战争和平将取代。"语言学家目前只发现四种语言使用像托巴蒂语这样的词序。比如电影《星球大战》里的尤达大师也是这么说话的！

宏语

非洲宏语（在博茨瓦纳约有2000人使用），它本身的名字就很不同寻常，因为发音很难。语言学家试图用不同的符号来表示特殊的吸气音，在宏语中有100多个这样的发音。除了它和几种相关语言之外，在世界上的其他语言中很难找到这样的吸气音。

皮拉罕语

在巴西的几个村庄里，只有不到400人说皮拉罕语。其实，连他们自己也数不清到底有多少人，因为皮拉罕语是迄今为止语言学家发现的唯一一种没有数字的语言，没有"1"，没有"2"，也没有"400"，尽管他们的语言中有"很多"和"很少"这两个词。

采兹语

在达吉斯坦有几万人说采兹语。这种语言至少有60个变格，创造了世界纪录！例如关于"水"的表达，在采兹语中会因为水的性质、状态等有许多种不同的表述。每个名词都有几十种变格哦！

格陵兰语

格陵兰岛上约有 5.7 万人讲格陵兰语。这种语言中的单词非常长,这些长单词看起来甚至像个句子一样。在格陵兰岛,Paasisinnaannginnaffummi 这个词的意思是"我不明白"。《哈利·波特》第一册的第一句话,英文原版有 22 个单词,而翻译成格陵兰语只有 8 个单词,每个单词得有多长啊!

绍纳语

绍纳语在津巴布韦有近 900 万人使用,以名词种类多而出名。所有的名词可分为 20 个种类。每个种类都有前缀:mu 前缀表示人名,i 前缀表示野兽,ru 前缀表示长而窄的物体,fa 前缀表示小物体和小动物,u 前缀表示抽象概念……

日语

约有 1.25 亿人使用日语,日文的书写相当复杂。平假名和片假名是独特的日文。日语中有一部分文字是从汉语借鉴、发展形成的,在某些情况下还有拉丁字母。下面是一个关于日本人买衣服的短句,你知道这句话是什么意思吗?

ケンジはTシャツを7枚購入しました。

译文:这个日本人买了 7 件 T 恤。

俄语

俄语是世界上十大常用语言之一,仅在俄罗斯就有大约 1.4 亿人使用它。俄语非常统一,从俄罗斯西部的加里宁格勒到东部的南萨哈林斯克大约有 1 万千米,在所有城市里人们使用的语言几乎一模一样。当然,俄语也有方言,不同的地方也有特色词汇。然而,说俄语的人无论身在何处,都能很好地互相交流,并且单词发音差不多。无论是英语、汉语、西班牙语,还是阿拉伯语都很难做到这一点。

船

在法语课上,我就像一艘千疮百孔的小船:再破一点,就会沉到水底。我们的法语女老师是个严厉的船长:课本不能忘带,语法要学,测验每周都有。不遵守的学生,记分册上就会是两分。

我得到过三次两分。其实,我学习还算凑合,绘画、历史、体育和唱歌是五分,其他科目都是四分,但法语……

去年,大家都得了五分或四分。我们唱了字母歌,互相用法语说"早安""你好"和"你还好吗"。我们还学了一首关于船的歌——《小船》。我最擅长的是副歌。我觉得自己就像这艘在茫茫大海中的船一样,在语言的海洋里起起伏伏。

而今年风暴警报开始了。

"请记住,歌曲结束了!"老师翻着课本说道。

"我们要行动起来!语法可不是开玩笑的!"

法语老师果然没有危言耸听。新学期的第一节课,老师给我们发了一张选择题的试卷,我们要选择正确的答案。一半的试题都是时态问题。复合过去时就像海盗一样控制住了我,绑住了我的双手。我就这样看着试卷,一直坐到下课。试卷上的复合过去时得意地微笑着说:再见,少年见习水手!

放学后,更猛烈的暴风雨在家等着我呢。

"你怎么回事,没准备考试吗,没学吗?"妈妈看了我的分数后问道。

16

"学了。"我伤心地回答。

我备受折磨,怎么才能记住一组像咒语一样难以理解的单词呢? Onutilizlepassecomposedanlekasuivan…… 怎么样?

妈妈叹了口气,说:"不能再这样了,不能再得两分了。"

我答应她:"我会努力的。"

但事与愿违,在那之后,我又得到了两次两分。

在第三次得两分后,妈妈决定找一位法语家教。

星期六,娜塔莎来到我们家,她是大二的学生。娜塔莎翻阅课本,要求我阅读并翻译一篇关于米歇尔帮助奶奶的文章。我一边读,一边把散落的字母拼成单词。娜塔莎看着我书架上摆放的船。

"你对造船感兴趣吗?"娜塔莎问道。

"我只是喜欢船。"我回答说。

"那你就和我去远航吧!奇遇在等着我们!"她微笑着说道。

只要不用再学法语,做什么都行。我在心里默默说道。

下一节课,娜塔莎没有拿课本,而是带来了两张纸。

娜塔莎问道:"你能保守秘密吗?"

我点了点头,同时警觉起来,心想:还有什么秘密吗?

"在19世纪,有一艘船沉没了。这是一份法文文件,需要翻译。你可以帮我吗?"

我点了点头,心里却在想:我能帮什么呢?你又不是不懂法语。

于是,我说道:"我还没有完全掌握法语的时态用法……"

"没事,我会讲解时态的。"娜塔莎说道。

她把第一张纸放在了我面前的桌子上:"请读一读!"

字母跳来跳去,像往常一样从我身边跑开。

我只能读出"nous",然后把这张纸递给娜塔莎:"最好您来读。"

她富有表情地读着,听起来庄严而神秘,虽然我什么也没听明白。她读的是一个关于沉船的秘密。要是我能听懂该多好啊!

"这是一份旧文件,我在图书馆复印了一份。下面是船主人的名字,Jean Vatel,看到了吗?"娜塔莎指着最后一行说道。

"这是他写的关于船的内容。"

在这节课的最后,娜塔莎解释了简单过去时的用法,毕竟不理解简单过去时就无法理解文件。当然,她也讲解了复合过去时。奇怪的是,我居然听明白了!你能想象得到吗?以前我饱受复合过去时的折磨,因为有两个动词,我经常互相混淆。而在这节课上,我明白了它们的区别。在欢快的气氛中,除了指定的三道题,我又做了六道关于复合过去时的习题。每道习题我都回答得很顺畅。

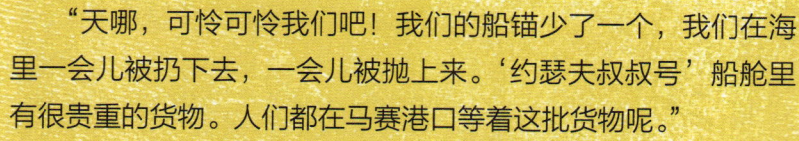

但是文件还没有翻译出来。娜塔莎说,开头她已经翻译出来了,是:"天哪,可怜可怜我们吧!"

接下来呢?

我拿着词典研究了一晚上,但只翻译出一段。是这样的:

"天哪,可怜可怜我们吧!我们的船锚少了一个,我们在海里一会儿被扔下去,一会儿被抛上来。'约瑟夫叔叔号'船舱里有很贵重的货物。人们都在马赛港口等着这批货物呢。"

在梦中，我看到了"约瑟夫叔叔号"。这艘船慢慢地驶向马赛……

星期六，娜塔莎在课堂上夸奖了我的译文："你真棒！干得好！你觉得箱子里有什么？"

"黄金？钻石？"我猜想。

"我不知道……船没有到达港口。船沉没了，可是船上的厨师奇迹般地得救了。"

"这就是说，货物都沉到海底了？"

"是的。一起学习一下语法吗？"娜塔莎又开始讲解文件里的句式了。

晚上，我坐下来继续翻译那份文件：

"海浪拍打着船。我非常想在暴风雨中帮助到大家，但大家让我下到船舱里去。船长很生气地说：'如果你被冲走了，谁来做饭？'

我下到船舱里，整理好思绪后，开始写这个便签。船长说，如果我们沉到海底，那将是人类的巨大损失。我认为他所指的'损失'肯定不是我们的生命，而是那些来自埃及的箱子。"

让·瓦杰里，"约瑟夫叔叔号"船上的厨师

法语老师给了我四分。我得了四分！我当然非常高兴了，妈妈也很高兴。"你看，"妈妈说道，"你可以学得很好。"

但我知道，事实上是地中海海底的"约瑟夫叔叔号"帮助了我。它向我展示了生动的、真实的法语，而不仅仅是教科书上的字母。

娜塔莎读完了我翻译的内容，问道："很有趣，对吧？"

"船舱里有什么？"

"我想大概是古墓里的宝藏。'约瑟夫叔叔号'运送稀有的私人藏品。它们至今还沉睡在海底。"

"那里有木乃伊吗？"我猜想道。

"我不知道……再读一段文件吧？"

"我不擅长大声朗读，我总搞混淆语法规则。"我喃喃地说。

"这很简单，你看。"娜塔莎用手指着文字，解释阅读规则。快下课的时候，我可以慢慢地读了。单词没有像往常一样难懂了，而是像勇敢的水手一样排成一排。"太好了，"娜塔莎高兴地说，"你正在进步，伟大的船，伟大的航行。"

晚上，吃过晚饭后，我又翻开了字典，"约瑟夫叔叔号"在等着我呢！

"箱子很重。在亚历山大，这些箱子被装上船，船长亲自检查了它们是否牢固。最长的两个箱子，船长说那里面有古老的雕像，并命令水手们要小心。船长答应，运送这批古墓里的宝藏，所有船员将得到不菲的报酬。不要碰它们，上面有法老的诅咒。这场风暴很不简单！"

我爬上床,从床上看墙上的地图更方便。我找到了亚历山大和马赛。"约瑟夫叔叔号"沉没在哪里了呢?

四分之一学年结束时,法语老师在测试时给了我五分,并夸我很棒。我很开心,但我仍然想着那艘船。它还躺在地中海海底,上面布满了贝壳和藻类,鱼群在上面游来游去。

课后,我继续和娜塔莎学习法语:阅读、研究语法,在视频网站上看关于帆船的视频。我不是什么都懂,但娜塔莎都一一做了解释。

一个月后,娜塔莎又提起了"约瑟夫叔叔号"。

"你知道吗,"她说,"那艘船找到了!""约瑟夫叔叔号"引起了记者、历史学家和当地社会极大的兴趣。甚至卢浮宫的专家也加入了打捞工作。

"那艘沉没的船?"我不敢相信。

"是的,离马赛不远。当然,贵重物品都转交给了博物馆。"

我又梦到了"约瑟夫叔叔号"驶向马赛,大海抚摸着它,轻轻地把它推向码头……

从图画到符号

字母是如何出现的呢？为什么语言的字母是那样的形状？为什么不同语言的字母又可以有些文字是字母文字，而有些文字则是象形文字？我们可以在悠久的历史长河中找到这些问题的答案，人类文字历史开始于几千年前，当时古代人还住在洞穴中……

图画

人们在世界各地的洞穴墙壁上都发现了动物、人类和抽象事物的图画。这些只是图画，不是符号。人们通过这样的方式刻画他们生活中的场景。

象形图

这仍然是图画，但已经有概括性了。每个象形图都表示某种概念——物体、动物、人。

因纽特猎人的日记：去狩猎，猎获了一块兽皮，与朋友一起去捕猎；猎获一块兽皮，遇到风暴，然后过冬。

表意符号/象形文字

表意符号是约定好的图案或符号。与象形图不同的是，它们不仅表示物体，还表示与该物体相关的概念。例如，像腿一样的符号可以表示"走"，而交叉的双手可以表示"友谊"。象形文字就是表意符号的一种。最初，象形文字表示物体或概念，后来开始出现一些象形文字，它们表示单词的一部分，具有了语法特征或表示发音。

太阳: ☉ → 凸 → 山
走: 𓂻
雨: ☷
米: ✻ → ⚹ → 木
日: ⊙ → ◉ → 日

实物信件

在文字发明之前，人们利用物品传递信息。

珠串

这条腰带由一条绳子穿过很多圆柱形珠子制成。美洲印第安人使用这种腰带来记载和传递信息。

结绳文字

这是印加人的结绳文字系统。在它的帮助下，他们可以编码各种数字信息，用来统计商品和人口，还可以记录事件。绳的颜色、结点的数量和位置都很重要。

代币

这些不同形状的小泥像在美索不达米亚被用于贸易交易。每个泥像都表示一个对象。随着时间的推移，这些用泥捏成的泥像演变成了独特的泥像形图。

结绳和珠串被用来记载和传递信息，但它们未被转变成文字系统。

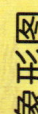

古文字

在一些语言中，象形符号成为文字的基础，比如中国和埃及文字。在其他语言中，象形符号和表意符号逐渐演变，用来表示音节或发音，如楔形文字、婆罗米语和腓尼基语。

中国甲骨文

每个象形文字都代表一个词或词义，也有复合象形字，各个符号的组合被赋予了新的含义。例如，两个"木"表示树林。

古埃及文字

古埃及文字经历了从象形文字到符号的发展之路。后来，楔形文字符号不仅被用于传递单词，还可以传递发音（准确地说是某个音节）。

苏美尔楔形文字

楔形文字符号结合了表示词义的象形文字和表示辅音字，也就是说，符号表示某个音节。

婆罗米文

婆罗米文完全是音节文字之一。古希腊人在学习腓尼基文字的基础上创造了古希腊字母。之后，受到希腊字母的影响，拉丁字母和西里尔字母诞生了。

腓尼基文字

腓尼基文字是最早的字母文字之一。古希腊人在学习腓尼基文字的基础上创造了古希腊字母。之后，受到希腊字母的影响，拉丁字母和西里尔字母诞生了。

希腊字母

现代文字

中文
一位老大大把舢板戴在头上。

印度文
बुढ़िया ने अपने सिर पर एक नाव लगाया.

阿拉伯文
ووضعت المرأة العجوز قارب النجاة على رأسها.

拉丁文
An old lady put a lifeboat on her head.

西里尔文
Старушка надела на голову шлюпку.

现代象形图

字母的历史

符号如此不同

不同的文字的符号明显不同。为什么会这样呢？令人惊讶的是，字母的形状通常与人们书写的材料有关。人们总是会拿手边的东西来写字，例如，在美索不达米亚，符号被压在泥板上；在埃及，人们将文字写在纸莎草上；在印度，人们将文字写在棕榈叶上；在古罗斯，人们将文字写在桦树皮上。你看：桦树皮上书写的几乎所有字母都是由直线组成的，因为人们在树皮上刻字时，刻直线更方便省力。

试着用一个尖尖的小棍在湿黏土上或橡皮泥上写下自己的名字，笔画边缘会不均匀、断断续续的。在黏土上写字，压比画更容易一些，这就决定了楔形文字的形状：楔形文字的符号由不同形状的三角形组合而成。试着用笔在纸上写这些字，也很不方便，画一个三角形需要三个动作，压字则只需要一个动作。

最早的中国象形文字是刻在龟甲和骨头上的，所以它们也是由直线组成的，没有圆形的笔画。而现代文字拥有优美的线条，有的边缘还会加粗，比如中国人用毛笔写字形成痕迹。

今天会下雨吗？

文字的方向

我们习惯于从左到右、从上到下书写。世界上许多文字，比如西里尔文和拉丁文都是这样书写的。而阿拉伯文和希伯来文中的书写方向则不同——从右到左。

在古埃及，可以这样写，也可以那样写。人和动物的图画给了我们提示，他们总是看向一行的开头。

在汉语、朝鲜语和日语中，传统上是从上向下写成一列（这是因为很长一段时间里，垂直的竹板被用作书写材料），而且书写的各列的顺序是从右到左的。但今天受欧洲语言的影响，也常写成横行，且从左到右。

而古希腊人的写字顺序呈蛇形，人们称之为回环书写法。第一行从左到右，第二行从右到左，且字母呈镜像。第三行又是从左到右。以此类推，就像一头公牛在耕地。

A是怎么变成a和*a*的？

如何判断是A，还是a和*a*？它们是同一个字母吗？对于一个只学会了印刷体字母的小孩子或者一个不熟悉拉丁文或西里尔字母的外国人，未必能认出这个字母的另一种书写形式。

在不同的时期，人们出于各种不同的需要使用不同的字体。例如，在古希腊和古罗马，重要的、庄严的文本经常刻在石头上。每个字母都是分开的，要写成方形，并且文本中没有空格，不断句和断词。

雕刻每一个字母都需要大量的时间和精力。如果需要快速地写一些东西，怎么办呢？那就要在蜡板或羊皮纸上书写。这些材料要柔软得多，人们可以毫不费力地在上面写字，所以字母的写法开始改变：出现了小的（小写的）字母，它们的形状变得更圆润，某些笔画消失了。使用这种字体可以在书写材料上书写更多的内容。

随着纸张的出现，人们开始写更多的东西：书籍、文件、信件……为了提高速度，人们写得越来越潦草，字母相互连在一起。于是出现了速写（斜体）字母。

随着纸的发明，出现了正式字体隶书和楷书。书法艺术在于能否标准地进行抄录。

再后来出现了行书和草书。在这些字体中，作者已经可以表达他的创作个性，每个书法家都致力于写出自己的个人风格。通常，草书很难读，尤其是"狂草"，一笔写成，笔不离开纸。书法家创作时往往是充满激情的，所以他们的字也充满情绪。

书法艺术

如今我们时常不会注意文字写得工不工整、美不美观，对我们来说，最重要的是传递信息。而以前，文字符号的书写风格和美感具有重要的意义。

在一些国家甚至有书法艺术。例如，在中国，书法比绘画出现得更早，被认为是一种重要的艺术。中国书法在不同时期形成了不同的风格。首先出现的是印章风格，当时的象形文字被写在竹板上，竖向排列，书写时用力均匀。之所以称之为印章风格，是因为每个大师都有一个刻有自己名字的私人印章，给自己的作品打上标记。

两首小诗

牵着

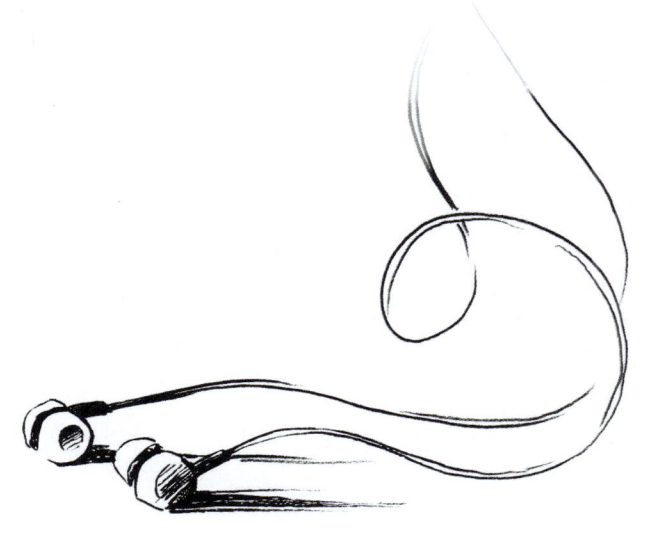

公共汽车空空荡荡。
后排，在窗旁，
为了不让钱包里的零钱白白地失望，
音乐通过导线悠闲地流淌，
可以牵着一首歌一直走到晚上，
可以去任何地方。
什么也不听，什么也不想，
只是看着远方。
内心真实的成年人却不让我们这样。
而我们就是要这样生活，没有共同语言又何妨。

打给自己的电话

我拿着手机呆呆地坐着。
我没有在玩游戏！
我只是又一次拨响自己的电话号码。
今晚是多云下雨的夜晚。
万一我感到寂寞呢？
万一我能接到打给自己的电话呢？

画中找词游戏

我们会使用各种各样的单词，但很少思考：它们是如何出现的？为什么它们是这样的？我们如何给植物、动物和星球命名？为什么有些词会过时，而另一些词却突然出现在我们的语言中？为什么有些词经常听到，而另一些词则非常罕见，只出现在几本书中？单词各种各样，有简单的，有与众不同的，有漂亮的，也有奇怪的。每个词都有自己的特点和历史！试着在画中找到下面的单词吧（它们是俄语）！

Постельничий	卧房内侍	Молоко	牛奶
Улюлюпость	嘲弄	Бэцубар	别腹
Конваллярин майялис	铃兰	Вердепешевый	桃子绿
Программистка	女程序员	Лауэит	月桂石
Обезьянийхвостик	猴尾	Арбелас	单手剑
Ветрило	帆	Катрина	卡特里娜
Виктори	维克托利	Радар	雷达
Вехотка	擦子	Радужноголов	彩虹蛇头
Петгикор	潮土油（下过雨后泥土的味道）	Контрстратегия	反策略
Кризализм	蛹	Кисть	画笔
Апельсин	橙子	Трискайдекафобия	数字13恐惧症
Шахматы	国际象棋	Меркурий	水星
Понедельник	星期一		

来自非洲的
伊万·伊万内奇

当我来到这所学校的时候，同学们正聊得热火朝天。

周围的人大喊大叫着，震耳欲聋。上课铃声根本就听不到。大约十分钟后，坐在最后一排的我感觉有些不对劲。我的新同学们继续忘我地尖叫着，他们在课桌过道间跑来跑去……

讲桌后面坐着一个表情忧伤的人，他穿着羊毛衫，头发灰白。他看着讲台，弯着腰，好像有一种未知的力量将他扭成了羊角状。他将手深深地伸进羊毛衫的口袋里，好像想把身体的其他部分都藏在那里一样。他的手一直放在口袋里，没有抽出。

我根本没有注意到他是怎么到教室里的。

"这是谁？"我问同桌。我的同桌叫奥列尼卡，她是文学老师的女儿。

奥列尼卡正专注地向别人介绍电视剧的剧情，我用胳膊肘戳了她一下，她才听到。她头都没回，不耐烦地喊道："伊万·伊万内奇，代数老师。"

说完，她继续喋喋不休地说着剧情，像机关枪一样。

这时，我看到黑板上有几个方程式，好像是在一瞬间突然出现的。我赶紧打开自己的笔记本，开始抄写 X 和 Y。但是泪水已在我眼眶里打转了。

同学们有的大声尖叫，有的倒立走路，有的一惊一乍，有的挂在吊灯上，像一群疯狂的长尾猴。奥列尼卡还在上气不接下气地给两个女孩讲着电视剧剧情："他对她是这样的……她对他是那样的……"

我没有看向那个穿羊毛衫的人，不是我不想看，而是不能。黑板上的公式渐渐地模糊起来，仿佛在抖动着双腿，摇动着弯曲的尾巴，冷笑着、抽搐着、发狂着，就像周围的同学一样。

大家很快发现我很不合群。喊叫声开始变小，取而代之的是充满恶意的议论声和嘲笑声，像龙卷风一样在我头上盘旋。在代数课上解方程被认为很丢人，没有人会这样做，即使是不合群的人也不会这样做。我意识到：我破坏了这个新群体的规则。

但我还是继续解着方程。不知怎么的，我一点也不害怕，甚至感觉有点轻松。既然我已经被孤立了，那也就不用再害怕了，因为再也没有什么可失去的了。

我突然感觉到有人站在我的前面。我紧张地等待着会有什么样的恶作剧。我抬起视线，却看到了一对针织的口袋。伊万·伊万内奇翻开我的笔记本，诧异地看着。他看到笔记本上记着的几个方程式，好像很意外。他踱步到教室边缘，然后喃喃自语道："Bien, très bien……"①

他的声音十分低沉，听起来死气沉沉的，没有生气。

接着，他又对我问道："Me comprenez-vous?"②

我点点头。在学校里我们学过法语，我怎么能听不明白呢。伊万·伊万内奇把本子还给了我。笔记本上写满了红色的小数字，还被打了一个2分，字迹工工整整。看到2分后，我有一种想大喊一声的冲动，甚至想跳到课桌上，想把椅子扔出去……

周围的同学们开始哈哈大笑起来。我咬牙切齿地在2分下方的"改错"处，开始重写方程式。

突然一座小山一样的东西落在了我的笔记本上——这是我前一秒的感觉，后一秒我就意识到了,这不是一座小山,而是留级生瓦加诺夫的屁股。

"你想成为一名伟大的数学家吗?"他低声说道。

瓦加诺夫的眼睛周围有大大的黑眼圈,就像恐怖电影里的僵尸一样。他油光满面,好像一瓶油倒在了他的脸上。

我的心怦怦直跳,呼吸都快停止了,但我强迫自己抬起头,并冷静地回答:"不,我不想。"

"那你想要成为——什么?"瓦加诺夫翻了个白眼,拉长了声音问道,好像在音乐厅里唱歌一样。

整个班级哄堂大笑。但很快大家都静下来,盯着我,等着我的回答。

"我想……"我想了想,鼓起勇气继续说,"让你从我的笔记本上挪走你的屁股,可以吗?"

整个班级又哈哈大笑起来,但这次都支持我,而瓦加诺夫四处寻找着支持。

这时,下课铃声响了。

"行,今天就放你一马吧!"他开口道。

过了几天,渐渐地,同学们开始跟我说话了。主要是奥列尼卡,她憋不住不说话。奥列尼卡是个百事通。她告诉我,伊万·伊万内奇曾在非洲的一个国家教书。教师休息室内曾传出,那里过去是法国的殖民地。

伊万·伊万内奇从来不对学生大声说话,不勉强学生,不惩罚学生,不在学生的记分册上写意见。他认为这是对学生的不尊重。而我们班上的人则认为这是软弱的表现。

每堂课全班都在试探,看他到底能忍耐到什么程度。而伊万·伊万内奇只是将手插到羊毛衫兜里更深了些。于是大家做得越来越过分,以至于自己都觉得不好意思了。大家一直在等着,等到他忍无可忍为止。

但伊万·伊万内奇还是没有因为生气而失控。有时他的嘴唇都气得发紫了,却只是自己默默站起来,手扶着墙离开了。伊万·伊万内奇心脏有问题,这点大家都知道,当然是奥列尼卡告诉大家的。

伊万·伊万内奇只跟我交谈,而且总是说法语。

那是一个阴冷的秋天。学校周围正在搞建设,非常泥泞,无法通行。各种工厂烟囱冒着浓烟。

我代数课的成绩从2分变成了3分,但我再也没有前进一步,没有得过4分。

很快,下了第一场雪,第一学期也结束了。

假期过后,当全班同学习惯性地要在代数课上放开嗓门时,吵闹声中大家像往常一样根本没有听到上课铃声,而教室的门猛地被打开撞到了墙上……

门口站着的老师仿佛是一位女驯兽师,攥在手里的教鞭好像是一条鞭子,裙子上缀着马戏团里才用到的装饰物闪着可怕的光芒。

她一直在门口站着,注视着整个班级。大家停止了大喊大叫,仅呼吸声可闻。而她一直站在那里,沉默着,用严肃的眼神盯着我们。当她终于开口说话时,感觉是一种解脱,以至于她说什么都可以接受。

"从今天开始,"她慢吞吞地说道,"课堂上将不允许发出任何声音,就像现在这样。"

从那天起,代数课总是一片死寂。

而伊万·伊万内奇再也没有出现在学校里。他到底怎么了,连奥列尼卡都不知道。没有人对他特别感兴趣,都试图尽快忘记他。而我不知道为什么,直到现在我仍然希望伊万·伊万内奇能回到他的非洲。在那里,他再也不用穿针织羊毛衫了,毕竟,他终于暖和了。

(译注:①原文为法语,意思是"好,很好!"
②原文为法语,意思是"你能听懂吗?")

动物和植物的语言

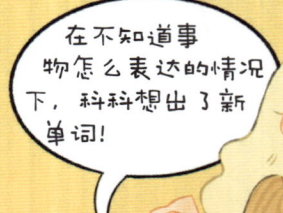

动物是如何交流的？

即使是很小的孩子也知道狗汪汪叫，猫喵喵叫，而老鼠吱吱叫。动物不仅能通过声音进行交流，还可以通过颜色、姿势、气味、动作，甚至闪光来传递信息。它们在说什么呢？

声音

动物和人类一样，可以通过声音进行交流。鸟类、爬行动物、两栖动物、昆虫，甚至是鱼类，都可以通过声音进行交流。但是它们的"词汇量"比我们要少得多。

你一定听过夏天从草丛深处和池塘边传来的蝈蝈、蟾蜍和青蛙的求偶之歌。它们是在向雌性发送这样的信息："我在这里，已经准备好和你见面了！"有时，在这种信号中会附加一条针对雄性竞争对手的信息："这是我的领地，我才是这里的主人！"

危险！危险！

我们还常常听到许多动物发出警报信号。如果鸲鸹在自己的窝旁边发现了一只猫，它惊恐的叫声不仅会向它的同类传递信息，燕子、山雀，甚至细心的人，都能明白它的意思。

还有更复杂的语言。某些鹦鹉可以用特定的声音表示某些概念，比如"上面有捕食者"或"那棵树上有美味的水果"，族群中的其他鹦鹉对这些声音"心领神会"。鹦鹉的雏鸟向成年鸟学习这项技能。顺便说一句，它们在人群中也会做同样的事。和人生活在一起的鹦鹉能记住几百个单词！它们可以正确地叫出物体和动作的名称，确定颜色、形状和数量。

而最复杂和最有趣的语言就属于海豚啦。到目前为止，人类只成功地破译了它们的少数几种信号。例如，海豚每次跟同类交流都要先报上自己的名字。

我是长鼻子！我是长鼻子！都到我这来！这里有鱼！

颜色和光

交流的另一种可靠的方法是颜色。在颜色的帮助下，我们能了解动物的年龄、性别和心情。它们可能会说"最好不要过来""我很平静""我在追寻美女的心""我感觉不舒服"。

例如，神仙鱼的幼鱼比成年鱼要鲜艳得多，通过亮丽的颜色，它们要传达这样的信息："我还很小，求放过。"成年的神仙鱼会为了保护自己的珊瑚礁地盘，赶走其他同类，而当它们注意到颜色鲜艳的幼鱼时，它们觉得这些幼鱼不会对自己构成威胁，也就不会去碰这些幼鱼了。

许多动物还通过身上的斑点和条纹来告诉周围的动物：最好不要靠近我们！毒刺类昆虫，如黄蜂，有黄色和黑色的条纹，就是在警告别人不要靠近，瓢虫用斑点警告捕食者：我们有毒！

也有相反的情况，那就是鲜艳的颜色并不代表危险。清洁虾红白相间的虾壳让其他鱼明白，这只虾不是猎物，而是清理皮肤上的寄生虫、污垢和受损鳞片的专家。看到普通的虾，鱼会把它们吃掉，但是看到清洁虾，鱼则会安静地排队到它们那里去做"美容"。

一些在夜间活动的动物和海洋深处的栖息者则使用光来交流。例如：许多热带萤火虫通过由某些闪光组成的特殊编码信息进行交流，将自己与其他萤火虫区分开来。有趣的是，另一个种类的雌性萤火虫学会了伪造这种信息。通过这种方式，它们引诱其他种类的雄性萤火虫，抓住它们饱餐一顿！

姿势和动作

我们无聊的时候会打哈欠,害怕的时候会把头缩进肩膀里。动物也可以通过姿势和动作进行交流。它们会传递警告信息:"滚出我的地盘""这是我的家""我又高大又强壮,惹了我,我会揍你"。每种动物都尽其所能使自己看起来很强大:猫拱起背,竖起毛;蟾蜍鼓起肚皮;鱼抬起背鳍,张开鳃盖;凤头鹦鹉展开鲜艳的头冠,张开翅膀。有些动物还会改变身体的颜色,让自己变得更鲜艳,并发出威胁性的声音。

如果你很弱小,可以发出相反的信号:"请不要伤害我,我又小又弱,我会听您的……"在这种情况下,动物要做的正好相反:毛发、鳞片、鳍、耳朵和尾巴会紧贴身体,头下垂,爪子弯拢。有的动物皮肤会变白。对手会意识到这个动物已经认输了,不再危险,可以不追捕它了。

还有一个对生存非常重要的信号:"我是一只幼崽,我需要喂养和爱!"对于鸟类来说,它们张开颜色鲜艳的嘴巴,发出典型的吱吱声,或者下垂的翅膀开始颤抖,就是在传递这种信号。对于野兽来说,传递这一信号时,它们身体的某一部分会不协调:脑袋大、身体小,眼睛大、毛发蓬松。还有一个典型的姿势,那就是仰躺着,露出无毛的肚子和晃动的爪子。这个信号在动物界很普遍,不同物种的动物都能理解它。这就是为什么鸟类不仅喂养自己的雏鸟,还毫不迟疑地喂养其他雏鸟。在狮子和其他大型食肉动物中,也有"收养"羚羊幼崽的案例。

这种对于动物幼崽来说通用的信号，有时也会被成年动物使用。例如，在交配的季节，雌性燕鸥和山雀专门模仿饥饿的雏鸟的动作，以测试雄性是否是个合格的父亲。狗之间发生冲突时，为了降低对手的攻击性，它们会毫无防备地把肚子展示给对手并发出嘶嘶声，摆出小狗崽的姿势。

信息越复杂，那么动作也越复杂。某些动物为了传递信息，甚至要像舞蹈家一样跳舞。通过舞蹈，侦察蜂告诉采集蜂到哪里去寻找花蜜。舞蹈的持续时间代表着它们到有花蜜的地方的距离：距离越远，蜜蜂摇晃腹部的时间就越长。而蜜蜂在舞蹈过程中移动的方向则代表花蜜的方向。

令人惊讶的是，科学家们不仅破译了蜜蜂的语言，还能加以利用！他们先给一只小工蜂传递信息，然后把小工蜂放进蜂箱里。它会不停地重复舞蹈，就像侦察蜂通常展示的那样，其他蜜蜂可以根据这个指令找到花蜜。

花蜜在那！

气味

动物还可以用气味来交流！某些动物会分泌特殊的信号物质——信息素。任何闻到信息素的动物都会获得分泌信息素动物的相关信息——年龄、性别和情绪。例如，如果蚁穴突然遭到破坏，蚂蚁会立即向空气中释放气味："警报！"其余蚂蚁闻到这种气味后，就会放下手头的所有事情，立即跑去把蛹和幼虫拖到蚁穴深处，或者试图找到敌人，撕咬敌人，驱赶敌人。

但也有些昆虫学会了伪造气味信号。灰蝶幼虫也可以发出与蚂蚁幼虫一模一样的气味。当蚂蚁找到灰蝶幼虫时，它们会接收灰蝶幼虫发出的信号——"我是一只走失的蚂蚁幼虫"，并将灰蝶幼虫带入蚁穴，照顾它。灰蝶幼虫得到精心的喂养，它们会吃蚂蚁的卵和幼虫，干些强盗的勾当。

警报！

和宠物说话

猫和狗就像人一样，有自己的语言。它们的语言包含30多个身体信号，通过这些信号，宠物可以让你明白：它害怕什么，对什么感到不舒服，它想玩什么或它很喜欢你。如果你知道这些信号，那么你就可以和动物交流。例如，你可以告诉它：你并不危险并且想和它成为朋友。

交往规则

如何打招呼？

当我们直接走向猫和狗，伸出手想要抚摸它们，这样的方式是在告诉它们：我们想要和它们打一架。所以它们可能会受到惊吓或做出攻击性反应。如果你想成为有礼貌的人，那么就从侧面绕到它们身边。

如何抚摸？

如果你想抚摸一只小狗，一定要先征求主人的同意。不要居高临下，手也不要从上往下抚摸，用动物的语言来说，这也是一种威胁。你最好蹲下来和它平齐，稍微转过头，好像你根本没在看它一样，轻轻抚摸它的身体，而不是头部。

不要做……

不要拥抱狗和猫。灵长类动物通过拥抱来表达自己的感情，而猫和狗则通过互相蹭头来表达感情。当我们拥抱它们时，它们不明白我们在做什么，它们会觉得我们用手固定住了它们的身体，开始不安。也不要长时间看着它们的眼睛——这会被它们视为威胁。

共同语言

我不喜欢/我不想

如果猫和狗转过身来舔舔你,那就意味着它们不太喜欢所发生的事情。它们准备忍受,但礼貌地要求你停止动作。这种情况下,猫可能会用尾巴尖(甚至是整条尾巴)打你。如果宠物直接转过身去,那就意味着它们对发生的事情不感兴趣:它们不想交流、打闹或分享。

我很不安

如果动物在睡觉后打哈欠,这很正常。但是,如果它们没有睡觉却对你打哈欠,很可能是在向你发出非常强烈的不适信号。宠物要求停止正在发生的事情或者想要你安慰一下情绪紧张的它们。你也可以打个哈欠作为回应,表明你没有威胁,你想成为它们的朋友,这会让它们平静下来。

我很害怕

如果猫和狗夹着耳朵或尾巴,那就说明它们很害怕!动物害怕时也可能会弯起爪子,拱起后背,爬伏在地上;甚至可能在角落里蜷缩成一团。有时,它们还会有其他不舒服的表现:转身、舔东西、打哈欠、呼吸沉重……

不要过来,我会咬你

如果动物龇着牙,同时毛竖起来或者发出声音(猫发出咝咝声、咕噜声和尖厉的叫声,而狗吠叫,露出牙齿),那么它们是在警告你现在不要碰它们,你触碰了它们的界线,它们很害怕,也很不舒服。

狗的语言

我很紧张

只有狗才会做出"做错事"的表情，而猫则不会。这个信号被称为"鲸鱼眼"，其特征是眼白变得清晰可见。如果你看到类似的眼神，其实狗根本不是在请求原谅（它们根本不会意识到自己错了），这只是意味着它很紧张或害怕。当狗被骂时，它们很容易害怕，便会使出"鲸鱼眼"。

我很难受

我们经常认为狗在微笑，实际上这是精神紧张的信号。如果狗的嘴巴咧开，嘴角微微上翘，同时呼吸加重，这要么是它很热，要么是它很害怕和感觉很不好。因此，当你看到你的狗在"微笑"，如果在此之前它没有去狂奔着追球，此时也不是炎热的夏天，那么就表明它很不舒服。

不要伤害我

露肚皮是一个复杂的信号。这个信号可能是邀请抚摸："挠挠我肚子！"，也可能是在表达极度的恐惧："我很害怕！"要想明白狗到底在说什么，你可以轻轻地挠挠它的肚子，然后把手拿开。如果它还要你继续挠，那就意味着它想要的是爱抚；如果它没有任何反应或试图离开，那么就不要打扰它啦。

见到你很高兴

狗在打招呼时，不仅互相嗅对方的屁股，还会嗅对方的脸。如果一只狗在见面时跳到你身上，表明它非常开心，想触碰你的脸；如果它用鼻子碰你的脸，是在礼貌地向你打招呼。如果你不想让狗跳起来碰你的脸，这时你可以背对着它。

我很友善

当狗摇尾巴时,它想告诉你的是自己的情绪很激动。但根据情况不同,这个信号的含义也可能不同。当狗看到主人或者被邀请去玩耍、散步时,它会很高兴;当它遇到陌生人或其他动物时,则会情绪紧张。

猫的语言

我很不安

猫的瞳孔不仅在黑暗中会扩大,当它体内产生肾上腺素(一种应激激素)时也会扩大。例如,当你和你的猫安静地待在亮堂的户外,猫的瞳孔却变得很大,那是因为它非常不安或看到了非常有趣的东西。瞳孔越大,它的感受就越强烈。

你就是我的家

群居的猫有共同的气味,它们常常互相摩擦彼此的脸。如果猫用鼻子触碰你的脸或身体,它是要告诉你,你是它亲密的朋友。你也可以用鼻子轻轻触碰猫的脸,告诉它你爱它。

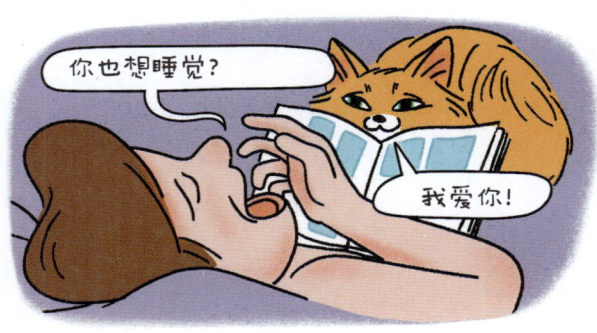

我相信你

如果猫看着你,慢慢地眨着眼睛,这个信号可以翻译为:"我非常信任你,有你在,我愿意闭上眼睛休息。只要你在身边,肯定没有人会伤害我。"本质上,这是一种爱的表达!你也可以用同样的动作向它传递同样的信号。

有点像猫

我的猫坐着,晃来晃去,
从前到后,从后到前。
玻璃般的眼睛,
香肠样的尾巴。
我立刻就明白了:这只猫很不简单。

它在墙上看到了什么,
而我却看不见。
墙上有猫的宇宙?
墙上有乱糟糟的羊毛毡?
墙上有缥缈的烟雾?
它和这些面对面地待一会。
我的猫坐着,晃来晃去,
从前到后,从后到前。
我想和它坐在一起(旁边还有个位置)。

也许坐下来,我就会明白,
为什么
我的猫坐着,晃来晃去,
从前到后,从后到前。

从前到后……
从后到前……
于是,我自己也有点像猫了。

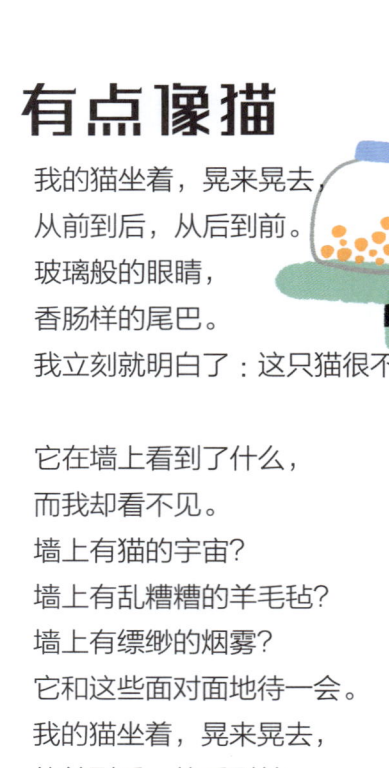

拍苍蝇

（拥挤的房间内有很多玻璃器皿）
嗡
嗡嗡嗡
嗡嗡嗡嗡嗡嗡嗡嗡
嗡嗡嗡嗡嗡
嗡嗡嗡嗡嗡嗡嗡嗡嗡嗡
啪嚓！
嗡嗡嗡嗡
嗡……嗡……
嗡嗡嗡嗡嗡嗡嗡嗡嗡嗡嗡嗡嗡
啪嚓！啪嚓！
嗡嗡嗡嗡嗡嗡
啪嚓！砰！噔！……
嗡嗡嗡嗡嗡嗡
啪嗒
嗡嗡嗡嗡
啪嗒！啪嗒！
嗡嗡嗡嗡嗡嗡嗡嗡
啪嗒！啪嗒！啪嗒！
嗡嗡嗡嗡嗡嗡嗡嗡嗡嗡
啪啪！！！
……
啪！
安静了。

植物不会发声，也不会做手势，但这并不意味着它们不会交流。植物与邻近的植物、动物，甚至与自己进行交流。不同的是，它们的交流媒介是化学物质和电脉冲！听听它们在说什么吧！

植物体内部的交流

一棵植物的各个部位通过分泌小信号分子（如钙离子或激素）来相互交流。在正常的环境中，这些物质进入其他细胞或整个器官，并告诉它们多久分裂一次，向哪个方向延伸，积累哪些化合物。如果有谁试图吃掉植物，信号物质会命令细胞分泌更多难吃和难闻的分子，让害虫退却❶。

像捕蝇草这种掠食性植物，它们作为陷阱的叶子会主动移动❷。这些叶子上长满了敏感的细毛，当潜在的受害者落到叶子上时，细毛会快速发出电信号——陷阱就会关闭！生长也是一种运动，只是速度缓慢。植物的一部分根系在土壤中找到水后，会在钙离子的帮助下提示另一些根：现在应该往水平方向生长，而不用再向深处生长啦❸。

与其他植物的交流

植物有时可以帮助邻居，但有时也会打扰它们的生活。植物释放挥发性物质，这些物质很容易进入空气中，并与空气一起进入其他植物细胞之间的空间，这样邻居们就收到了信息。收到信息的植物可能离发送信息的植物几十米，甚至几百米远。

例如，艾蒿和烟草在受到昆虫攻击时会主动释放挥发性物质❹。这向生长在附近的植物发出了一个信号——要多合成不可食用的驱虫化合物。而杂草的根和橡树的叶子会产生抑制邻居生长的分子，所以橡树林里很少有杂草生长❺。出于同样的原因，长满杂草的田地里，农作物长势很差。如果将杂草除尽，农作物的收成便会好起来❻。

蝴蝶是如何看到花朵的？

与动物交流

昆虫、一些鸟类和野兽会给花授粉，这给植物提供了帮助。同时，也有一些动物会享用植物的叶子、根须和木质部分。为了吸引动物给自己授粉，植物会释放好闻的气味 ❼ 或展示特殊的颜色 ❽。而当它们怕被动物吃掉时，则会释放难闻的化合物 ❾ 来赶走动物。有时，芬芳的求助信号也会惹来麻烦。松树受到甲虫攻击时，会释放出一种挥发性的香叶烯化合物。然而，这种物质会吸引更多的甲虫。软体的线虫同样喜欢这种物质，它们也会爬到树上啃树木 ❿。有时植物会"引诱"动物来帮助它们。当玉米受到夜蛾毛虫攻击时，它会产生一种吸引寄生蜂的物质。寄生蜂会在夜蛾毛虫中产卵，这样就救了玉米 ⓫。当寄生蜂幼虫从卵中孵化出来时，会开始从内部吞吃夜蛾毛虫，过一段时间后，夜蛾毛虫就会死亡。

与蘑菇交流

大多数树木 ⓬ 和一些草（例如兰花）⓭ 会与真菌结合。菌丝和植物的根融合在一起，进行物质交换，形成菌根。真菌吸取水分更容易，它们会将水分提供给植物，而植物则提供养分作为交换。

诗歌

闲谈

我躺在草丛中,问草地:"为什么?"
从我脚旁的灌木丛里传来呜呜声。

我把手掌伸到小溪边,问小溪:"在哪里?"
太阳弹在我的鼻子上,波光在水面上跳跃。

黄昏时我走进茂密的森林,轻轻呼唤:"嘿!"
片片叶子从枝头落下,绕着我飞舞,沙沙作响。

我问池塘:"怎么样?"
我屏住呼吸,等待着答案。
昏暗的池塘对我说:"呱呱!"
又补充道:"扑通!"

当月亮在云层后微笑时,我回来了。
我向窗外的月亮挥挥手,对她说:"我睡觉了。晚安!"

充气船

湖边的小船鼓着气、鼓着气。
终于鼓足了:
 你们休想!
够了!
我的意思是:我才不会到冰冷的水里去!!!

口袋里

口袋的最深处,
橡树果和硬币中间,
有一个贝壳,
大概是去年夏天我拾到的。
这个贝壳是我从六月的海里拾取的,
秋天的时候我把她放进温暖的口袋。
也不知道她讲了多少故事,
以至于所有的橡树果都想去赶海。

扑通!

奇怪的铃声

铃声。弹指声。
然后默不作声。
作为回应,也默不作声,然后弹指声。
"弹指声……默不作声……"
——在河底,鲈鱼在谈话。
梭鱼在说什么?
连渔民都不知道!

特别的语言

细胞漫谈

我们的身体由数十万亿个细胞组成。为了使身体正常运转,细胞需要互相协作和交流。为此,它们要交换各种化学信号。它们是怎么做到的呢?

我要交流

如果细胞处于完全静默,它肯定会迷失自己。如何了解周围发生的事情呢?它需要分享还是改变呢?是否需要将某些东西传递给其他细胞呢?通常,我们体内的细胞非常善于交际,在特殊化学物质的帮助下可以向邻居讲述自己的故事。而它的邻居们则通过它们表面上的特殊物质——受体,来捕捉这些故事。

远古的对话

远在细胞还是单独的机体时,它们就学会了交流。随着时间的推移,一些细胞开始聚集在一起,于是出现了原始的多细胞生物,经过漫长的进化,它们变成了更复杂的生物,比如你。

单细胞的对话可能会突然结束……

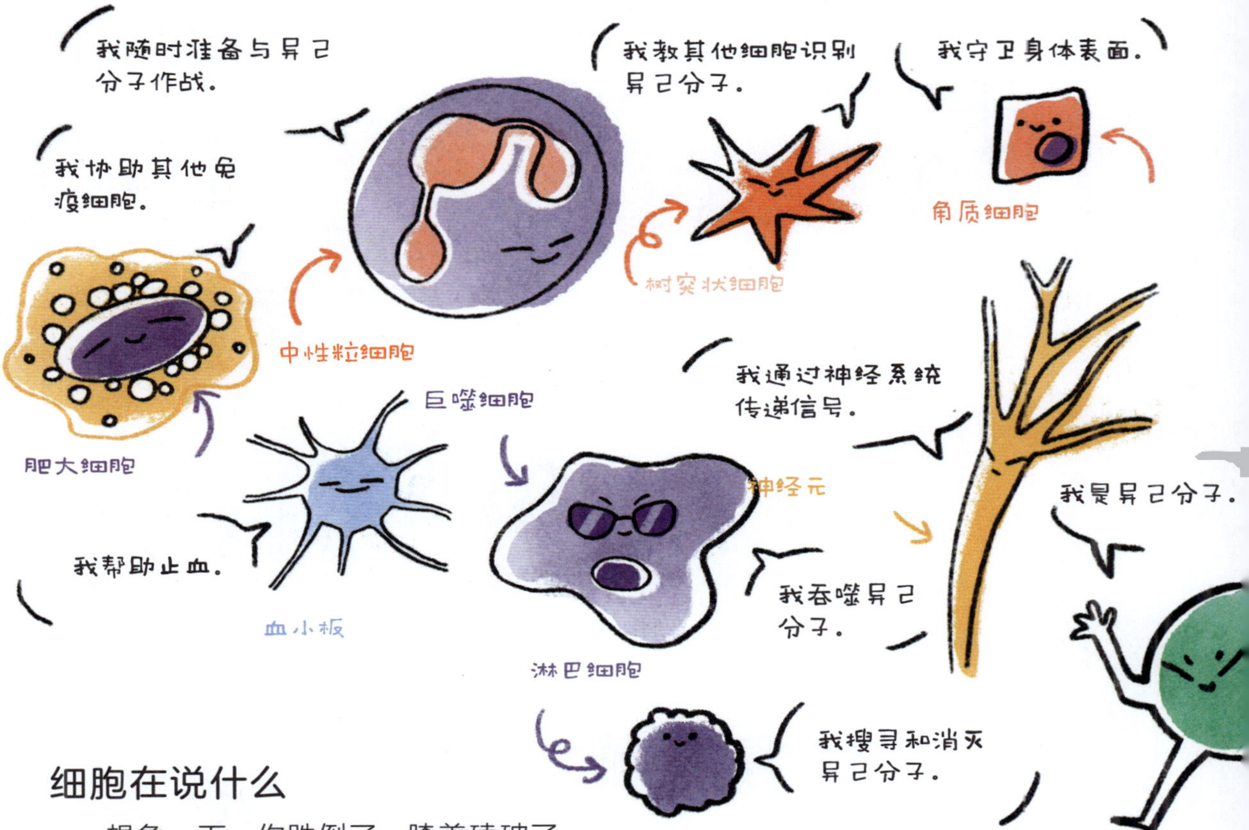

我随时准备与异己分子作战。

我协助其他免疫细胞。

我教其他细胞识别异己分子。

我守卫身体表面。

角质细胞

中性粒细胞

树突状细胞

肥大细胞

巨噬细胞

我通过神经系统传递信号。

神经元

我是异己分子。

我帮助止血。

血小板

我吞噬异己分子。

淋巴细胞

我搜寻和消灭异己分子。

细胞在说什么

想象一下，你跌倒了，膝盖磕破了。意外发生得太快，你根本没注意自己是怎么摔倒的。但此时在你的身体中，细胞相互间已经发送了数千条信息，对受伤做出反应——止血并查明是否有陌生分子进入。

大脑怎么会知道你很痛苦呢？神经元会告诉它的。神经元的末端在皮肤里，它们知道皮肤损伤了，并通过脊髓向大脑传递信号。

我们这有缺口！快向大脑报告！

疼！

大脑

唉！

当你的皮肤受损伤时,皮肤内的毛细血管破裂,伤口开始流血。但渐渐地血液会停止流出,这是漂浮在血液中的血小板起了作用,它们堵住了缺口。

别担心,免疫系统细胞——巨噬细胞会保护你免受感染。那它们怎么知道皮肤受了伤,有害的东西进来了呢?是角质细胞告诉它们的,角质细胞是皮肤表皮层的细胞,它们会分泌特殊的物质,巨噬细胞对这些特殊物质做出反应。

在巨噬细胞对抗感染的过程中,具有许多突起的树突状细胞和含有活性物质的肥大细胞也会加入巨噬细胞的队伍。真正的战斗开始了!

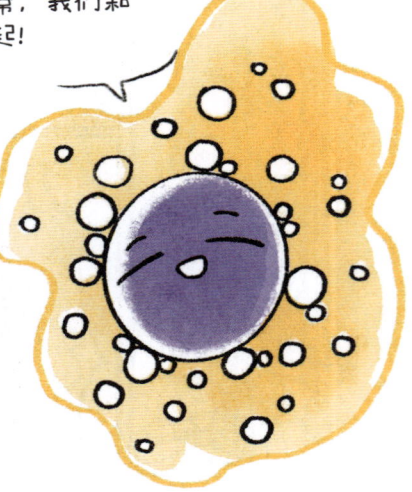

肥大细胞向损伤区域投掷"手榴弹"——含有活性物质的颗粒，点燃炎症。树突状细胞和巨噬细胞捕捉和消化有害细菌。

巨噬细胞和肥大细胞向血管细胞传递损伤信号，中性粒细胞则从血管细胞那里了解到受伤情况。中性粒细胞是帮助我们抵御有害微生物的主要战士之一。

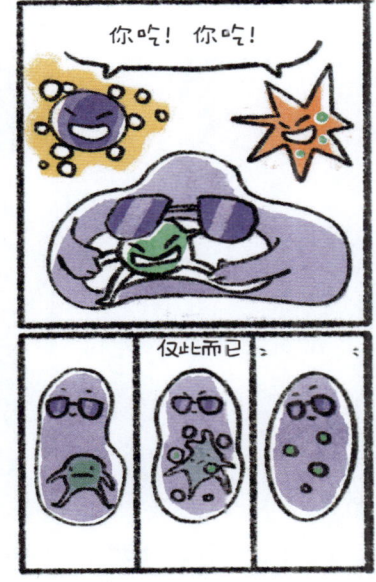

捕获到细菌的树突状细胞移动到淋巴结并将细菌碎片给淋巴细胞（免疫系统的其他细胞）查看。淋巴细胞了解了敌人的真面目，会被激活并准备攻击，这就像狗通过气味识别罪犯一样。

部分被激活的淋巴细胞会帮助身体应对感染；另一部分会记住细菌的特征，当敌人再次进入身体时，会有针对性地攻击它。

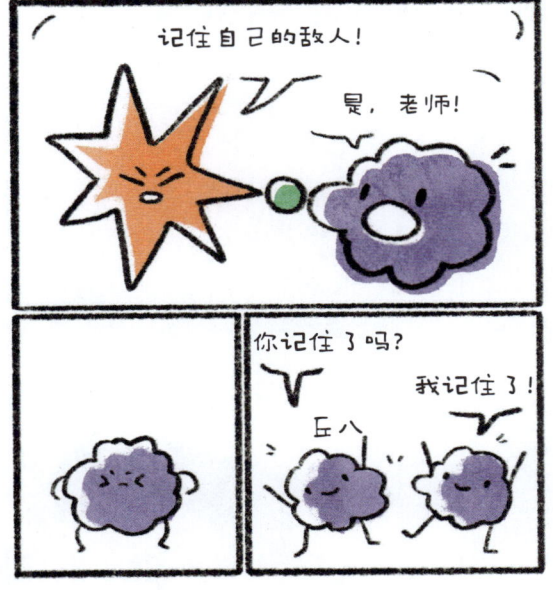

灯塔

廖什卡被愤怒的声音吵醒了。她听见父母又在吵架。吵架声中夹杂着锅、盘、勺的破碎声。"你怎么不明白，这很不正常，根本就不和任何人交流！"妈妈气愤地说。"现在都十三岁了。"爸爸含糊不清地嘟囔着。再次响起破碎声、砰砰声、啪啪声。妈妈说完话后，就开始传来厨具的隆隆声。

廖什卡闭上眼睛，试图钻回梦中，看看梦到的重要的东西。但梦融化了、四散了、流走了，留下了咸咸的回味。

廖什卡又梦见了灯塔。妈妈的尖叫声传进耳朵里，令人厌烦。廖什卡深吸了一口气，想象着这只是声音，没有任何意义，只是毫无意义的嗡嗡声。"蜜蜂，你们就是蜜蜂，嗡、嗡、嗡……"

"谢天谢地，今年没有灯塔！已经不指望会有那样幸福的事！"妈妈愤怒的声音扬起，停留在了最高音调上，被爸爸的喊叫声打断："你在说什么！廖什卡会听到的！"

"蜜蜂，蜜蜂，你们就是蜜蜂……"廖什卡伸手去拿手机。手机屏保上是她和爷爷的自拍照。廖什卡扮着鬼脸，头发被风吹得蓬乱，钻进嘴里。爷爷眯着眼睛，做着严肃的表情，眼睛却在笑。那时她还不知道，这将是他们在灯塔上的最后一张照片。

穿衣服要三分钟，刷牙还要两分钟。廖什卡往脸上泼点冷水，梳梳头发。

"你去哪儿？不吃早餐吗？"妈妈在门口喊住她。

"我们要在爷爷那唱歌。"廖什卡丢下一句话走了。

"在爷爷那，你听到了吗？"妈妈转向爸爸说道。

然后妈妈无奈地轻轻拍了一下双手，并补充说："别太久！你还要收拾东西！希望你还记得今天是几号！"

廖什卡跳过两个台阶，顺着楼梯快速跑下楼，跳进了鸟鸣般清脆的六月的早晨。她当然记得今天是几号。

因为在这一天，她总是要去灯塔，到爷爷那里，在岛上度过一年中最快乐的两个月。

总是去，但这次不是去那。

今年夏天，一个训练沟通技能的英语夏令营正等着廖什卡。"你甚至想象不到，这个夏令营要多少钱！可以去旅游，在海边晒两个星期的太阳！"当廖什卡没有表现出很喜悦的时候，妈妈抿着嘴唇，委屈地说着。

廖什卡非常惊讶，这种情况完全不符合妈妈一贯的特点。就拿去营地的那一天来说吧。廖什卡无法忘记这一天。冬天的时候，爷爷被安排退休了，用爷爷的话讲——"报废了"。在这个循规蹈矩的成人世界里，爷爷在灯塔上的房子原来只是一个工作场所。在各种破碎船只堆放场的工作总是以光荣退休而结束。

以前到爷爷家，需要坐快艇两个小时；现在到爷爷家，坐无轨电车只需要五站路。十七年来，爷爷一直是灯塔的管理员。而在当管理员之前，他曾是商船的船员。在城市里，爷爷住在一栋多层楼房的一居室里，反正去看他就像看动物园里的熊一样。廖什卡讨厌动物园。她讨厌那些夺走爷爷房子的人，虽然那是一座灯塔！

她的爷爷身材高大，留着银白的胡子，胡须很硬，走路有点蹒跚。爷爷在城里住着，失去了热忱，有点驼背，变成了一个普通的老人。

爸爸说：他生病了。

但廖什卡很清楚：这是因为附近没有大海。孤独从来没有吓倒过爷爷，他可是灯塔管理员。但空虚击垮了他。

当廖什卡跑进难闻的挤满猫的楼栋口时,她胸中升腾起一种可怕的不公正感,为爷爷感到委屈。

门铃响了很久,都有些不耐烦了,爷爷打开了门,看见了廖什卡,立马喜笑颜开。

"小廖什卡,你从哪儿来啊?你今天要去营地!"爷爷看起来很困惑。

"我待一会就走。"廖什卡一本正经地走进房间,环顾四周。自从爷爷离开灯塔后,他们就好像换了角色,她成了船长,而爷爷则是执行命令的见习水手。

"又没出去吗?房间也没通风!唉,闷死了!"廖什卡打开小窗,眼角发现在未整理的床上有一本破旧的相册。

"我们喝茶吧,我还没吃早饭呢。"

当廖什卡拿出杯子,把他们最喜欢的巧克力长面包倒在高脚托盘上,她的脑子里总是有一个念头,他们今天还坐在灯塔的小厨房里,在敞开的窗户外面,海鸥不停地鸣叫着,凉凉的海风吹拂着她的双脚,湿润的空气让她耳边一缕不听话的头发打成卷。

他们像往常一样安静地喝着茶。毫无疑问，他们都对一件事保持着沉默。时钟上的指针轻轻地逗留在十一点附近，嘀嗒地响着。廖什卡马上就得回家了，准备去夏令营。爷爷又要重新翻他的照片了。有黑白照片，在异国情调的棕榈树和白色船只的背景下，爷爷很年轻、很风趣。还有彩色照片，穿着绿色夹克的小廖什卡，站在白海起伏不平的岩石边。

"听着！"廖什卡突然坚定地抬起头来，"我们现在去灯塔吧！"

爷爷生气地看了她一眼："别说蠢话。那里现在有别的灯塔管理员。"

"今天有一艘快艇去那里。我们去拜访一下，晚上就回来！"

"别开玩笑了，廖什卡。"爷爷转过身去看窗户。

"我没开玩笑。"廖什卡对着相册点了点头，跳了起来，命令

道，"收拾东西！"

两个人都很着急、很紧张，怕迟到了赶不上快艇。下一次去灯塔的机会要两周后才有！但一切都很顺利。他们很快就到了码头，并且成功上了快艇。

快艇刚刚远离岸边，咸咸的海风时而温柔时而强烈地吹到脸颊上，廖什卡深呼吸了一口气，笑了起来。这场与灯塔的计划外的约会变成了最真实的幸福！

经过长时间的海浪颠簸，前面出现了熟悉的轮廓：一座明亮的白色塔楼，塔楼上面有两条水平的深蓝色条纹，瞭望台上方是砖红色的塔顶。爷爷说灯塔的颜色是他的个人密码，就像人的指纹一样。而且灯塔的灯光也独具特色：每间隔十秒闪三次短暂的白色灯光信号。廖什卡非常自豪，她认为他们的灯塔是整个世界上独一无二的。

新的灯塔管理员是一对夫妇，廖什卡感觉他们很忙乱、很普通。廖什卡不信任地斜着眼睛看着他们那边，可是爷爷马上就和他们找到了共同语言，聊得很开心。一踏上岸，爷爷就像沐浴春风一样，个子也仿佛变高了。

回到曾经属于你的房子里还是有点怪怪的。灯塔里面摆放着一些不熟悉的东西。不过，廖什卡在一些地方还是发现了以前生活的痕迹：门框上有测量身高的标记，褪色的壁纸上有明显与周围颜色不同的方形区域，那是以前挂画的地方。

她尽量不呼吸、不说话，保持平静的表情，以免突然产生怅然若失的感觉。

慢慢地，一步一步，廖什卡爬着有些陡的螺旋状塔梯。六十九级吱吱作响的台阶，散发着旧书和兔毛的潮湿和刺鼻的气味。

廖什卡在城里什么都害怕，但在这里，在这个塔梯上，她无所畏惧。灯塔教会了她：黑暗和狭窄是骗人的，结局总会是耀眼的光明和无垠的轰隆作响的灰蓝色。

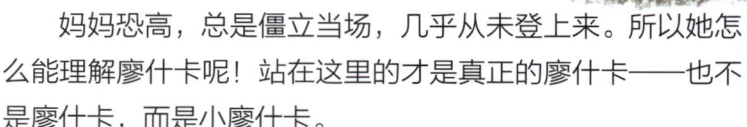

妈妈恐高，总是僵立当场，几乎从未登上来。所以她怎么能理解廖什卡呢！站在这里的才是真正的廖什卡——也不是廖什卡，而是小廖什卡。

半小时后爷爷也登了上来，默默地站在旁边。沿着海的水平线上勉强可以看到一个小黑点——一艘渔船在移动。

爷爷打破了沉默："叶戈尔，新来的管理员，请我在这里待两个星期，在灯塔上帮他。他的妻子想回城里，他们的孙子出生了。"

"嗯。"廖什卡偷偷一笑，头也不回地回应道。

"我通知你爸妈在码头接你。"

"没事，我自己也可以回去。"廖什卡耸了耸肩。

"我可不想让你妈妈担心。"爷爷嘿嘿笑着说，"我们走吧，快艇马上就要开回去了。"

叶戈尔邀请廖什卡随时都可以来灯塔。毛茸茸的小狗瓦良格舔了舔她的脸颊。爷爷紧紧地握了握她的小手。

暮色早早地降临了，灯塔的闪光划破了被雾气笼罩的天空。

廖什卡看着灯塔越来越小，直到完全消失在视线之外。她心里很难过，同时也轻松了一些。

妈妈在码头等着她。从船上看过去，妈妈的身影很小、很孤独。廖什卡心里阵阵刺痛，非常同情妈妈。她们快速地迎向对方，但在半米外停了下来。廖什卡觉得妈妈没有生气，她有些不知所措。

"对不起，我没告诉你们，我要去灯塔，是突然决定要去的。"廖什卡喃喃地说。

"我该想到的，你轻易是放不下灯塔的。"妈妈苦笑着说。

"我错过了夏令营……"

"没关系，明天还可以去。"妈妈说，又补充道，"如果你愿意的话。"

廖什卡点点头。

在去坐车的路上，妈妈拉着廖什卡的手问："灯塔怎么样了？你能讲讲吗？"

无言

如果面对面，我们可以交谈。如果相隔很远，我们可以发消息或打电话。这对我们来说再平常不过了。但是，如果禁止交谈或对话的人听不到你的声音，该怎么办呢？如果想向另一个村庄传递紧急消息，但这个村庄既没有电话，也没有互联网，该怎么办呢？长期以来，人们一直面临着这样的困难，并想出了惊人的方法来相互联系。

"我马上回去。"

看

古代的时候，人们就想到了：双方相距很远，通过火传递信息是最快的。世界各地都将燃烧篝火作为信号来传递信息。夜间用火做信号，白天用烟柱做信号。最常见的是通过这种方法传递敌人进攻的警报信息。士兵们在山顶或专门建造的塔楼上巡逻，发现敌军后点燃篝火。邻近塔楼看到了火光后，也点燃自己的篝火。这样信息就链条般地传下去了。

古希腊人走得更远。他们改进了信号系统，并想出了如何传递整个单词。为此，他们需要盛水的容器。你可以想象一下，有两座小山：一座山上是侦察兵，另一座山上驻扎着希腊统帅的大本营。大本营和侦察兵处都有相同的容器。容器底部有一个排水孔，水中漂浮着一个轻质木块，木块上面插着一根高高的木杆。木杆标记着希腊字母表中的24个字母。当侦察兵准备传递消息时，他用火把向大本营发出信号。根据这个信号，双方都打开容器底部的排水孔。水流出来，带木杆的木块会沉下来。当所需字母对应的标记下降到容器边缘时，侦察兵举起火把，接收者观察自己的木杆，就明白了传递的是哪个字母。之后，容器再次装满水，重新开始。就这样，侦察兵利用字母"口述"了整个单词！

从远处不仅可以看到火，还可以看到比如风车磨坊这样的高大建筑。荷兰磨坊工人利用这一点发明了磨坊语言。他们通过将风车叶片固定在特定位置来传递信息。

如果收件人能够看到传递的符号,那么上述方法将非常有效。如果看不到,那该怎么办?例如,如果你住在热带雨林里,周围都是长得一模一样的树木,该怎么办呢?那么就不能用眼睛了,要用耳朵。

"我们有高兴的事。"

"我们发生了不幸。"

"我出去几天。"

听

西非的许多民族很久以前就用鼓来交流了。他们利用鼓声使消息穿过茂密的森林,从一个村庄传到另一个村庄。鼓的语言与该地区的语言相似——都有音调。例如,在尼日利亚数百万人说的约鲁巴语中,每个音节都有特定的音调:高(á),中(a)和低(à)。同样的声音,发不同的音调,有不同的含义*。例如,igbá 的意思是"弯颈南瓜",igba——"两百",ìgbá——"茄子",ìgbà——"时间"和igbà——"登山绳"。

鼓也可以改变音调。击鼓人用肘将鼓贴紧身体,压在鼓绳上,鼓绳沿着身体拉紧。放松或拉紧鼓绳会改变鼓皮的张力,从而改变声音的高低。通过击打出一连串不同音调的声音,可以传递单词。但是有一点要知道,

相同顺序的音调可能表示不同的单词。表示单词 igbá(弯颈南瓜)的鼓声听起来与 fidí(田地)的相同。或者,比如,尼日利亚人喜欢开玩笑说,尼日利亚广播电台鼓声插曲"我们在尼日利亚广播电台广播"实际上是"我们在黑瓦罐里炖汤"。

*汉语拼音也有四个音调:
阴平、阳平、上声、去声。除此以外,
汉语中还有一种特殊的音调,那就是轻声。

71

如果一条信息可能有几种含义，那么如何用鼓语进行交流呢？为了不混淆，不能只传递单个词语，而是要传递完整语句！例如，不仅仅传递"月亮"这个单词，而是传递"月亮凝视着地球"这句话。这样展开的句子有助于对方猜到所传递信息的含义。那么一串长音调完全吻合的概率很低。当然，用鼓语传递信息比用普通语言传递信息需要更长的时间，但是在很远的地方也能听到它。

哨语与鼓语相似，只是哨语中用不同音高的哨声代替普通的声音。已知的此类哨语约有五十种，通常在山区常见。可能是因为喊叫声很难绕过峡谷让另一边的人听到，而哨声则很容易被听到。

最著名的哨语——戈梅拉岛哨语，至今仍存在于加纳利群岛的戈梅拉岛上。岛上的所有居民都或多或少地掌握这种语言，可以灵活使用哨语的主要是老年人和在学校里专门学习过的年轻人。

打手势

请你想象一下，周围很吵或根本说不了话，没办法用声音传递信息。在这种情况下，人们会使用手势进行交流。

例如，在一些澳大利亚的部落中，按照他们的习俗，当男人打猎时，禁止女人说话。但想交流的话怎么办？为此女人想出了手语。顺便说一句，狩猎时男人也使用手势，但那是出于另一个原因——怕大声说话吓走野兽。

的工具、有问题的布匹。她们的手势既适用于机床的各种零件，也适用于车间的不同职位。例如，表示"助理技师"的手势是右拳打在左拳上。但最令人惊讶的是，纺织工人们不仅用手势交流工作问题，还讨论个人的事情！例如，"小男孩得了流感"这句话是这样传递的：手掌对着地板，手放在大腿的高度上（"小"），手指做卷胡子状（"男人"），手掌贴在脸颊上（"生病"），食指向上指在一只张开的手掌上，表示蘑菇（蘑菇这个词与"流感"一词发音相同）。

如今很多工作中无法说话的职业都会用到类似的手势语言，例如潜水员、特种兵、体育裁判。通常，职业手势仅用于与工作相关的交流，但也有例外。

在20世纪30年代，苏联语言学家伊万·索博列夫斯基前往加里宁（现为特维尔）的织布厂研究纺织工人所说的术语并编写纺织工业术语词典。在工厂里，他有一个意外的发现：车间里织布机非常吵，为了方便交谈，女工们想出了一套手语。

她们用手势表示不同类型的故障、所需

所以，正如你所看到的，无论是禁忌还是遥远的距离都不能阻止我们互相交谈。每次遇到障碍，人们都表现出极大的创造力，都能找到一种方法将重要的事情传达给别人。

如何在家里制作一把剑？

"我们需要到户外活动一下啦！"这是你的电子产品都被收走，要做些别的事情时，妈妈会对你说的话。因为我和亚沙已经在《我的世界》游戏里待了三天。如果下雨，在郊外别墅还能做什么？！亚沙是我的表哥，他比我大一岁，秋天将要上四年级了。

而今天是晴天，我们被赶到了户外。我和亚沙去摘草莓，但成熟的草莓很快就摘完了。充气式游泳池里的水又凉又脏，下过雨后里面落了一堆垃圾。

"我们要在户外待多久啊？"亚沙问道，"那至少可以拿电话吧？"

"啊哈，现在？！直到晚上我们都不能玩任何电子产品。"

苹果树下的棚子里是爷爷的工作台，上面摆着一个绿色的小苹果。

"唉，看，"亚沙说，"爷爷在制作一个金色的苹果。"

我拂去工作台上的灰尘，用一根木棍在上面画出一个三乘三的正方形，就像"井字游戏"一样。

"哦，我要给自己做一把剑！"

我在下面的方格里放了一根小木棍，上面再放两块石头。

"好了，"我在空中挥舞着棍子，"石剑做好了。"

"我要把铁剑！"亚沙开始给自己找合适的木棍。

"我去拿锡箔纸！"

我跑进屋里向妈妈要锡箔纸。然后我又跑过来要了一张厚纸板做护甲,还有剪刀和胶带。

然后是订书机和绳子,最好都有。

"你们在那里做什么呢?!"

"妈妈,我们正努力地在现实世界里生活,那需要很多东西。"

我们给自己做了剑和护甲,也试着做了弓箭,但弓箭根本射不了箭。亚沙提醒说马上到晚上了,但我们还没有庇护所呢。我们开始去寻找合适的东西。棚子后面堆着很多老房子里扔出的乱七八糟的东西,还有一些建好后留下的木板。妈妈一直要求爸爸把这些乱七八糟的东西运到其他地方去。我找到了一块比我高一点的胶合板,这是一扇现成的门。那里还有一些石棉水泥板,但它们非常重。在石板后面,亚沙发现了一个折叠架子。我们把它展开,靠在棚子上,上面披上一块破帆布,然后把我的门放在外面。我们得到了一个超级房子。

"还需要拿一块睡垫。"亚沙说。

我去屋里要睡垫和三明治。妈妈正在喂我的妹妹小娜塔莎吃一些绿色的果泥,娜塔莎吐了出来。

"睡垫到储藏室里去找,三明治你们自己做。"

后来,妈妈只让我们两个喝了点汤,话都没讲。

我和亚沙坐下来吃三明治。三明治太好吃了,很快我们恢复了体力。但三明治的味道吸引到了某些东西。我转过身来,看到一只邻居家的黑猫在背后。

"啊!啊!啊!我们跑吧,这是苦力怕!"亚沙喊道。

苦力怕——《我的世界》里绿色的敌对生物,会悄悄地靠近并在你身边爆炸。

而这只猫的一双眼睛是绿色的。

"傻瓜!"我说,"苦力怕可是怕猫的!"

"不重要,我们这的猫就是苦力怕,我们要跑进庇护所!"

我们躲进了庇护所,甚至从里面关上了门。门固定得不好,最后竟然倒了,"苦力怕"被吓得原地跳了起来,

害怕地看着我们,发出咝咝声,然后逃跑了。

"好了,天亮了,我们出去吧!"亚沙吩咐道。

妈妈把头探出窗外,疑惑地看着我们:"我听到了'苦力怕'这个词,你们是不是又拿平板电脑了?"

"不,我们这里的一切都是真的。"我和亚沙相视一眼,大叫起来。

"我把娜塔莎放到你们这里,你们照看一下她,我盛汤。"

照看孩子其实不在我们的计划之内。

"好吧,她可以当农民,我们和她交易。"

妹妹还不会说话,但她会发出很多可笑的声音。她不想和我们做交易,却很喜欢我们的剑。我终于想出了分散她注意力的办法。给了她一个小水桶,带她去"剪羊毛"。篱笆旁长了一大堆蒲公英,它们已经开过花了,白色的冠毛像羊毛一样。我向娜塔莎演示了如何撕下绒毛并将其放入桶中。

与此同时,我和亚沙击退了"僵尸"的攻击。蒲公英后面有两米长的荨麻丛。当铁木尔出现在栅栏后面时,我们几乎和所有人都分开了。

他很少来，只有周末才会来。铁木尔好像比我小，我和他不是朋友，还常常给他起不好听的外号。

"你们为什么要砍荨麻？"

"这不是荨麻，而是一群僵尸。"亚沙回答。

"唉，告诉他也白费。"我想。

"我有一次杀了一头末影龙，"铁木尔马上吹牛道，"爸爸还给我买了个游戏机。"

关于末影龙，我想铁木尔肯定在撒谎，这是游戏中很厉害的角色，我也只杀过两次。实话实说，没有骗人。

"你有弓箭吗？"亚沙突然问道。

"啊哈！难道你们没有吗？"

"来吧，你当骷髅吗？"

铁木尔很快带着塑料弓箭和一堆带吸盘的箭回来了。我们打开篱笆门，让他进来。铁木尔扮演的骷髅很出色。然后亚沙当骷髅，再然后是我当骷髅。我们决定：如果一半的箭击中目标，那么骷髅获胜；如果少于一半，则玩家获胜，也就是我们获胜。

战斗最激烈的时候，妈妈走到台阶上说，该吃午饭了。

到此一游

通常，我们会与具体的某个人或一群人进行实时的交谈。但也存在这样一种情况，一个人想对全世界说些什么，比如谈论他的才华、发明、个人经历或只是简单地证明他的存在。今天，我们有很多途径能够做到——至少有社交网络。而从前的人们是怎么样表达自己的呢？

看一下墙面

你肯定曾碰到过像"瓦夏到此一游"这样的题字，哪里都有——课桌上、墙上、树上、电梯里和游乐场里。其实许多人并不喜欢这种自我表达的方式，尽管可以理解，这是一个人在告诉全世界："我存在，我活着！"

有趣的是，这种与世界交流的方式自古以来就存在。

我们是怎么知道的呢？那要感谢考古学家、历史学家和语言学家了。他们发现、整理和翻译了各种语言的古代题词。你听说过庞贝吗？庞贝是一座古罗马城市，在维苏威火山爆发时被火山灰完全淹没了。这发生在近 2000 年前，后来，人们在发掘出的庞贝城墙上，也可以辨析出那些希望和世界沟通的人的名字以及信息。应该投票给谁，把衣服送哪里去清洗，谁的球玩得好，哪个饭店的菜不好吃，姑娘们追捧什么样的角斗士以及没有爱的生活是多么痛苦……是的，是的，这一切都是庞贝古城的居民在城墙上讲述的，科学家们挖掘出了数千平方米的题字！这就像一个古老的社交平台，不过人们不是在网络上阅读，而是直接在街道上阅读。

罗斯是东欧平原上的古国，在那里，人们也在墙上写字。考古学家在修复各个教堂的过程中发现了数百种不同的题字。人们在建筑工地和教堂的墙上用锋利的笔头画出文字。这可能是简短的祈祷，也可能是一些笑话，比如牧师在做礼拜期间睡着了，还有谜语，甚至还有贸易的文本——谁从谁那里买了什么，花了多少钱。

有人祈祷并在墙上写祈祷的文字。而在这段文字周围，其他人纷纷画上好几个十字架。这是什么意思呢？这表示他们也同意并加入祈祷。这可能就是"点赞"最古老的样子了。

有人会在教堂的墙上留下咒语，后来被人划掉了。不仅如此，下面还加了一句评论："你的手会烂掉。"这表示他不赞成这个咒语。

现在，这样的题字不仅让我们想起活在几个世纪前的人，还反映了文字是如何发展的，人们的兴趣是什么，人们是如何生活的，周围发生了什么事。

读一读地铁

几个世纪过去了，但什么也没有改变——人们继续在墙上写字。20世纪60年代末，在纽约住着一个名叫塔基的少年，他是一名邮递员，整天在城里来回奔波。不知从什么时候起，他开始在栅栏、电梯甚至地铁车厢上刻上代表自己的标记。他做的标记由他居住的街道的名称和编号组成，即"塔基183"。

"塔基183"地铁车厢整天在纽约兜来兜去。成千上万的乘客看到了它们。人们开始注意到这些新标记。塔基的风格开始为人所知，也开始出现效仿者。

这是什么？不文明行为？吸引注意力？自我表达？艺术？

每个人的结论都不一样。为了以防万一，纽约政府将所有地铁列车更换为涂有特殊化学涂层的新列车，以保护车厢免受涂鸦。

但从此之后，涂鸦文化开始兴起，吸引了世界各地成千上万的人。

瞧一瞧角落

艺术品——雕塑、绘画、摄影，也是一种表达自己的方式，表达你是如何看待世界的。每个艺术家都有自己的"声音"，为了让人们知道那是你的"声音"，你需要留下签名。签名这种想法竟然出现在现代，很奇怪吧？在相当长的一段时间里，大约在文艺复兴之前，艺术家们认为没有必要指出一幅画的作者是谁。但到了13世纪至14世纪，人们意识到签名是一个成名的机会，可以宣传自己。

当然，签名也能证明："作者是我。"意大利雕塑家米开朗琪罗·博那罗蒂在听到著作权被归于别人之后，将自己的名字刻在雕塑《圣母怜子》上。

意大利画家多索·多西是如何在他的画上签名的呢？我们看一下左下角，通常那里会有名字，但这幅画上没有任何名字的痕迹！不过角落里画了一块大骨头，上面刺着字母"D"。这就是画家的标志！他的名字从意大利语翻译过来就是"骨头"的意思。多么神秘的签名啊。艺术家巴尔托洛梅奥·帕赛罗蒂在他的画作上画一只麻雀作为签名，因为他的姓翻译过来是"麻雀"。

大多数情况下，签名只是姓氏或带有首字母的姓氏，也常有简单的名字，比如文森特·凡高的签名。有些签名看起来真的像墙上的题字。看看这幅画——《阿诺菲尼夫妇》。画家仿佛站在他画的人物身后，伸出手，在他们身后的墙上用拉丁文写下："扬·凡·艾克到此一游，1434"。而美国画家弗雷德里克·丘奇则会在他描绘的树干或被毁的希腊神庙的石头上签名，他仿佛成了自己画作的一部分。

当然，每个艺术家都希望得到认可，不仅希望同时代的人能"听到"他的声音，也希望遥远的后代也能"听到"。这种"签名游戏"着重强调了作者的独特性并使其成为画作的一部分。

爬到柱子上去

如果你是一个普通的石匠，建造了一座巨大的教堂，你怎么向世界介绍你自己呢？任何历史文献都不会保留你的名字，对后代来说，你只是一个普通的工人，人群中普通的一员。

在 11 世纪，一名参与重建圣地亚哥－德孔波斯特拉古城的石匠想出了一个办法，可以让后人知道自己的工作。他在一根柱子的最上面，在两块石板中间嵌入了一幅自画像。他专门选择了这么一个别人很难发现的地方，任何神职人员都不曾注意到。后来，从事大教堂研究的艺术史学家珍妮弗·亚历山大偶然发现了他的肖像。

尽管我们时隔多年才发现石匠的面容，虽然我们仍然不知道他的名字，但我们可以向他挥手微笑："嗨，我们知道你来过！"

告诉世界你的存在和你的成就，意味着你也永留青史了。而你的成就是什么，你想说什么，这取决于你自己。

新语言

世界上有大约 7000 种正在用的语言，是不是感觉太多了？但人们觉得还不够，还在不断地发明新的语言。只是人为创造的语言就有 1000 多个，可能我们不知道的还有很多。

你们好！

世界语

我们从小就能毫不费力地开始说母语，并用它与亲戚、朋友以及周围的人交流。如果我们需要与来自另一个国家的人交谈，那么我们必须学习一门外语，甚至几门外语。这很复杂，而且要耗费很长时间。那为什么不想出一种新的语言——不是任何人的母语，世界上所有的人都能很容易地学会呢？

波兰眼科医生拉扎鲁·路德维克·柴门霍夫发明了这种语言。他称其为世界语，并在一本名为《国际语言》的小册子中介绍了它的语法。世界语以拉丁字母为基础，它的语法非常简单，只包含 16 条规则。它还被誉为"国际普通话"。

比较一下，这些规则可比俄语规则简单多了。在俄语中，外国人必须记住动词 болтать（闲谈）的现在时是 болтаю，而动词 молчать（沉默）的现在时是 молчу，而不是 молчаю。例如，在英语中，你需要记住某些名词特殊的复数形式：一颗牙齿是 tooth，许多牙齿是 teeth，而不是一般情况下的 tooths。在世界语中，一切规则都很简单：

- 闲谈 — BABILI
- 我在闲谈 — MI BABILAS
- 沉默 — SILENTI
- 我沉默 — MI SILENTAS
- 一颗牙齿 — DENTO
- 多颗牙齿 — DENTOJ

如果我们对欧洲的语言足够了解，那么理解世界语单词就轻而易举了：silenti 类似于英语 silent（沉默的），dento 类似于意大利语的 dente（牙齿）。现在，全世界有 150 多个国家和地区使用世界语。

词语的相关性

在中文中，同一个词可能表示不同的意思。例如，"包袱"既可以指用布包起来的包裹，也可以指精神上的负担。狮子、熊和老虎都属于掠食性动物，但在汉语里用来表示它们的词是完全不相关的。在 20 世纪初美国人爱德华·鲍威尔·福斯特发明的语言中，"狮子"是 mutaf，"熊"是 mutlab，而"老虎"是 mutcab。可以看出来，所有掠食性动物的名字都以 mut 开头。

在 19 世纪法国人让·弗朗索瓦·苏德尔创造的音乐语言——索莱索语中，所有的单词由音符（do、re、mi、fa、sol、la、si）组成。同一个词性的词语总是有相似的结构。比如，代词总是以 do 开头——"我"是 dore，"你"是 domi，"他"是 dofa。试着猜一下，"他们"会是什么单词呢？

文学作品中的新语言

还有些语言只出现在文学作品中。当作家创作了一个虚构的时空时,按作家的想法,他的主角们不应该说汉语或英语,而是有自己的语言。《霍比特人》和《魔戒》的作者约翰·罗纳德·鲁尔·托尔金就创造了此类语言。托尔金讲述了一个由精灵、矮人、霍比特人和其他童话生物居住的世界。不要吃惊哦,他们都说不同的语言。例如,如果你想用精灵的昆雅语打招呼,你应该说:"Elen síla lúmenn' omentielvo!"这句话的意思是:星星的光辉照耀着我们相遇的时刻。这句话还可以用托尔金创造的非常特别的精灵字母书写:

托尔金之后,虚构的语言变得非常流行。例如,在小说《权力的游戏》中出现了多斯拉克语和瓦雷利亚语。多斯拉克语是冷酷的多斯拉克游牧部落使用的语言。这种语言中的"酋长"是"可哈尔",该单词开头的发音为"可赫",有种嘎吱声的感觉。可以看出来,人们不断地想出各种语言,目的各不相同。你也可以试着发明一种语言,快动脑筋想一想吧!

六个圆点

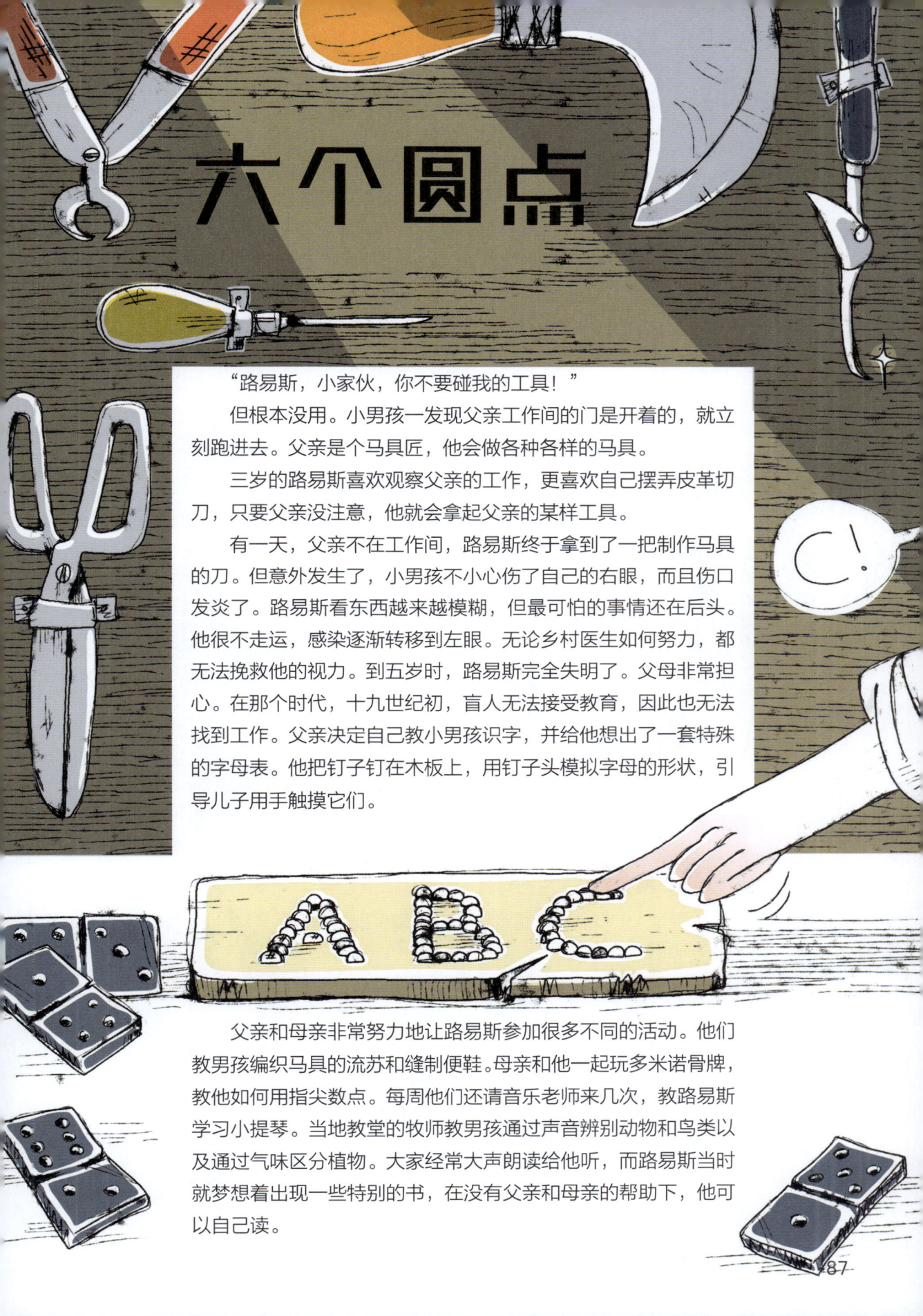

"路易斯，小家伙，你不要碰我的工具！"

但根本没用。小男孩一发现父亲工作间的门是开着的，就立刻跑进去。父亲是个马具匠，他会做各种各样的马具。

三岁的路易斯喜欢观察父亲的工作，更喜欢自己摆弄皮革切刀，只要父亲没注意，他就会拿起父亲的某样工具。

有一天，父亲不在工作间，路易斯终于拿到了一把制作马具的刀。但意外发生了，小男孩不小心伤了自己的右眼，而且伤口发炎了。路易斯看东西越来越模糊，但最可怕的事情还在后头。他很不走运，感染逐渐转移到左眼。无论乡村医生如何努力，都无法挽救他的视力。到五岁时，路易斯完全失明了。父母非常担心。在那个时代，十九世纪初，盲人无法接受教育，因此也无法找到工作。父亲决定自己教小男孩识字，并给他想出了一套特殊的字母表。他把钉子钉在木板上，用钉子头模拟字母的形状，引导儿子用手触摸它们。

父亲和母亲非常努力地让路易斯参加很多不同的活动。他们教男孩编织马具的流苏和缝制便鞋。母亲和他一起玩多米诺骨牌，教他如何用指尖数点。每周他们还请音乐老师来几次，教路易斯学习小提琴。当地教堂的牧师教男孩通过声音辨别动物和鸟类以及通过气味区分植物。大家经常大声朗读给他听，而路易斯当时就梦想着出现一些特别的书，在没有父亲和母亲的帮助下，他可以自己读。

到了上学的年纪,父母坚持让他们的儿子上普通班级。路易很快就成为一名小学生。他认真地听并记住课堂上老师讲的一切。

但下一步该怎么办,没人知道。幸运的是,父母得知巴黎有一所专门为盲人儿童开设的学校,并能够为儿子争取到奖学金。不过,从他们的库夫雷村到巴黎要四个小时的车程,所以作为一个十岁的男孩,路易斯不得不搬到首都去。当时他怎么也不会想到,他将在这所学校度过漫长的岁月——先是作为学生,然后是作为老师。

路易斯在巴黎开始了完全不同的另一种生活——远离家和父母。路易斯从早学到晚:数学、地理、历史和音乐。孩子们经常被带到自然科学博物馆,在那里他们通过感知来探索各种展品,还会去植物园。

学校里每个孩子都可以选择一门以后可以谋生的手艺。路易斯所有科目都学得很好,但他特别喜欢音乐课。这个男孩的钢琴

早晨好,路易斯。

您好,让!

甚至管风琴都弹得很好,管风琴有多层键盘,对盲人来说,学习管风琴更是难上加难。

在学校里大家都是通过听来学习,路易斯·布莱尔终于开始自己看书了。这种教科书里的字母是凸起的,需要用手指去触摸,是世界上最早的针对盲人的教科书。这种阅读方法是学校创始人瓦伦丁·阿羽依发明的。有一次,他向一个失明的小乞丐施舍,而那个小乞丐通过触摸知道了给他的是一枚硬币。阿羽依注意到了这一点,并想出了一种盲人可以用手指阅读的凸起状线条字体。他创办了一家印刷厂,并开始印刷凸字书籍。

这样的书很大、很重。每句话都占了半页篇幅,所以不要指望书里会有有趣的长篇故事。另外还有一点,触摸并判断一个字母需要很长时间,以至于当学生摸到句子的末尾时,已经忘记句子的开头了。尽管如此,路易斯还是很快地读完了所有书,而且不止一次。他经常想起父亲用钉子做的字母表,并意识到他们需

要另一种文字，既方便识别字母，又方便印刷书籍。

1821年，路易斯十二岁时，法国密码学家夏尔·巴尔比耶来到学校，他为军队发明了一种不同寻常的密码。他们在纸板上打孔，然后用手指触摸来"阅读"它们。在这种密码的帮助下，士兵们可以在黑暗中（或在烟雾中）书写和阅读信息，而不会暴露自己。

巴尔比耶大尉确信：他的方法对盲人也有用。的确，一开始学校的学生们都很兴奋。但后来他们意识到使用巴尔比耶的密码还是很不方便。这种密码的基础不是字母，而是声音及其组合。单词就是听到的那样，没有规则，很难理解是什么意思。巴尔比耶字体中没有大写字母、数字和标点符号。但最主要的是，用手去"阅读"各个孔很不方便：各个孔的组合太复杂了，手指头的手指肚不够用，要读一个声音（不是一个词），不得不将手指从一个点组移动到另一个点组。

路易斯把这些问题都告诉了巴尔比耶，但巴尔比耶并没有将这个12岁的男孩的话放在心上。一切都是徒劳的。学校的学生很快就不再使用"夜信"了，大家都把它给忘了。

所有人都忘了，但路易斯·布莱尔没有忘记。他非常喜欢凸点的想法，识别它们比识别凸起的字母容易得多，他想改进这个想法。每天晚上放学后，路易斯都会用针和厚纸做几个小时的实验，试图想清楚新字体的所有细节。他放弃了使用声音，为什么要那么复杂呢？只要用圆点来表示字母就可以了，就像法语字母表一样。更重要的是，这样做可以很容易地用手指感知到任何一个字母，同时又不会把它和相邻的字母混淆。

路易斯花了几年时间研究字体，有一天他恍然大悟！如果以六个圆点为基础，每三个圆点排成一列，共两列，怎么样？每个字母都由这六个圆点组合而成。例如，A是左上一个圆点，B是左列中的第一个和第二个圆点，C是两个最上方的圆点。

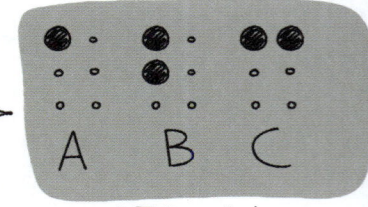

路易斯的名字：

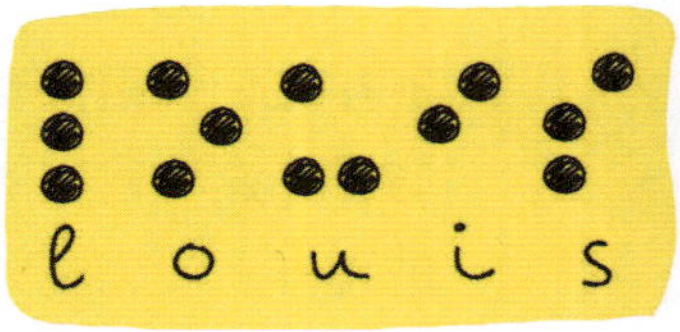

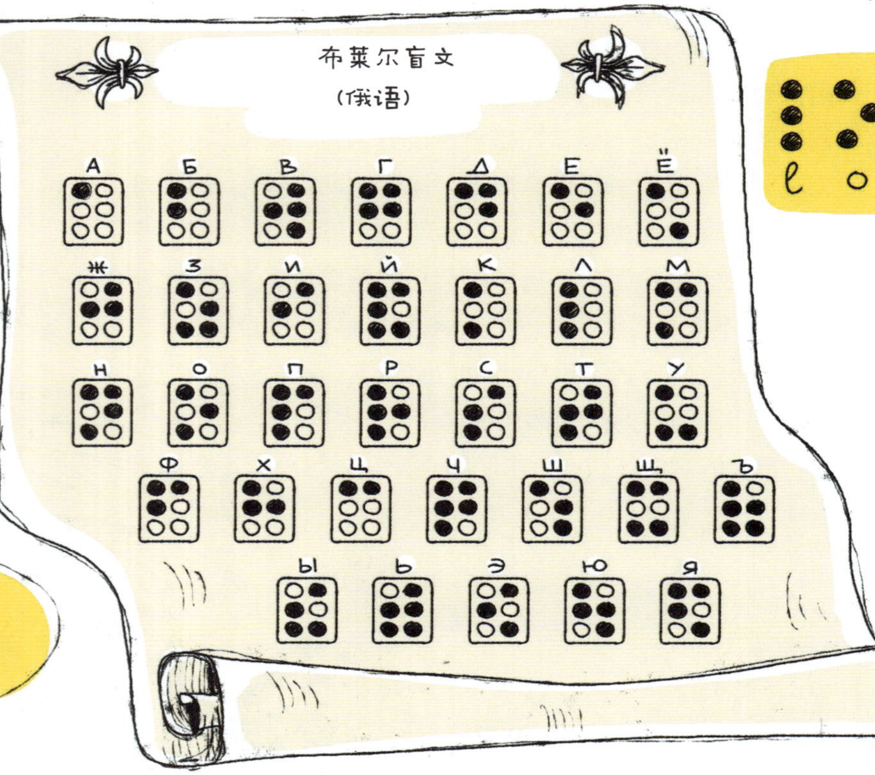

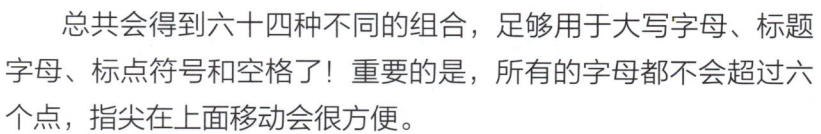

总共会得到六十四种不同的组合，足够用于大写字母、标题字母、标点符号和空格了！重要的是，所有的字母都不会超过六个点，指尖在上面移动会很方便。

布莱尔盲文的历史就这样开始了。路易斯发明它的时候只有十五岁。现在全世界都在使用这种字体，用它印刷了数千本书。但那时这个男孩根本想象不到他的发明会取得这样的成绩。

1829年，路易斯·布莱尔已经当了老师，他将自己发明的盲文提交给学校董事会进行研究，同事们并不看好，认为这种文字对于视力没有问题的老师来讲太复杂了！首先，需要学会哪些圆点表示哪个字母；其次就是书写问题，因为这些圆点都是从纸的背面刺出的，不是从左到右，而是从反方向书写，也就是从右到左，这样才可以得到镜像状态的圆点组合。学校董事会没有搞清楚，很长一段时间路易斯依旧采用阿羽依的老方法给孩子们上课。

路易斯继续在学校里工作，教授语法、算术、地理和音乐。他还在学校附近的一座小教堂里找到了一份管风琴师的工作。他深受学生们的喜爱，而他把自己微薄的工资都花在了学生们身上：买书和文具。路易斯给学生们讲解自己的盲文，并始终认真听取学生们的意见。他没有停止改进他的发明，并做了许多改变。例如，应一名学习英语的学生的要求，他添加了一个在法语字母表中没有的字母。

1843年，学校搬到了一座新建筑内。在盛大的开学典礼上，路易斯的学生们展示了如何利用布莱尔盲文快速阅读和书写。校长对路易斯表示感谢，并认可了他的发明。从那时起，在学校里布莱尔盲文正式取代了阿羽依盲文。这是新盲文在法国和整个欧洲传播的开始。而在十九世纪末，第一批用布莱尔盲文印刷的盲文书籍在俄罗斯出现。

但遗憾的是，路易斯没有等到这一天。他的健康状况不佳，因为常年居住在学校潮湿阴暗的房间里，而且食物和饮水也很糟糕，像他的许多学生一样，路易斯也患上了当时无药可救的肺结核，在四十三岁时英年早逝。

路易斯想让盲人能够获得知识、阅读书籍、演奏和创作音乐、给亲戚朋友写信、进行远距离交流。他只用六个圆点就实现了自己的梦想。

寻找中

城市里没有地方给街头艺术画家画画。

连一块干净的墙面都没有!

所以我决定去地之角,那里应该还没有人类踏入。

唉!这里也有人来过了……

几千年前,古代的人类在石头上留下了这些图画——岩画。如今的我们很难猜出这些岩画的含义。这是什么?是宗教仪式和神秘礼仪的一部分吗?或者是重大事件的编年史吗?

我找到了这些图画!

地上有,地下也有,甚至水下也有!

在热不可耐的撒哈拉沙漠里有……

在积雪覆盖的西伯利亚也有……

这些图画是什么意思呢?

我太绝望了！在地面上肯定是找不到未被动过的地方了。我决定飞到空中去找。

但这样也不行。

从空中向下俯瞰，我发现了地画——地面上巨型的人工花纹和图案。要创造它们，人们……

人们要种很多树。

还要挖除表层土。

撒上小石头。

只剩下最后一个选择了……

更多精彩

如何看到显微镜下看不到的东西？谁住在你的书架上？谁在沥青上给口香糖涂颜色？最小的房子是什么样的？"石孩"是什么意思？为什么澳大利亚原住民要画圆点？

在《我的微生物邻居》中，我们将仔细观察一切小的、细微的和不起眼的但同时又极其有趣的东西！

40年后我们将如何生活？我们的家园和城市将会是什么样子的？地球在数千年和数十亿年后会发生什么？过去的发明家是如何想象现代世界的？最神秘的时间胶囊——我们的DNA是什么样的结构？可以时间旅行吗？如何预测学生的成绩？哪种动物能看到未来？

在《我在未来等你》中，我们将从各种完全出乎意料的角度展望未来。

颜色是什么？我们如何看到它？我们的眼睛会欺骗我们吗？为什么树懒是绿色的？而火烈鸟是粉红色的？谁眼神更好：食蚁兽、海豚，还是螳螂虾？血液是红色的，那为什么我们的静脉是蓝色的？颜料会使人中毒吗？我们怎么知道恐龙是什么颜色的？为什么很多少数民族要把脸和身体涂上颜色？

在《跟着颜色去旅行》中，我们将告诉你们有关颜色的奇妙故事。